ある長寿の記

母　百六歳　娘　八十四歳

もくじ

はじめに

私の母、帖佐道子は大正六年に現在の福岡県北九州市で生まれた。

これは、大正、昭和、平成、令和を生き抜いた母が後年書き残したものと、その母の日々をサポートしてきた娘、私の記録である。


百歳の誕生日を前に母は大腿骨を骨折した。入院、手術後、歩行器を使い何とか歩けるようになって退院した。百歳に近い年齢を考えると、どこかの施設への入所も考えられたが、長女の私は十年ほど前から、母と同じ高齢者マンションに入居していたこともあり、家族で話し合い、自室に戻る事を選択した。以来、スープの冷めない距離に住む私は、母の部屋に日に何度も出入りするようになった。

ある日、母が元気な頃、ちぎり絵の作業に使っていた机の引き出しに、数冊の日記帳と自分史を書き溜めた分厚い大学ノートを見つけた。驚きの発見であった。いつの頃に書いたものかわからなかったが、ノートの最初のページにはこう書いてあった。

老化防止のため

・一日千字書く
・一日一時間読む
・一日十回笑う
・一日百回深呼吸
・一日一時間歩く

せめてこの一割でも実行して、老いの極みを試みてみたい。

この目標を達成するために、日記を書き、読後感想や自分史を書き続けたのかと納得した。私がノートを見つけたのは、母が百五歳を過ぎた頃で、もう日常的に会話が飛び交うお喋りは出来なくなっていた。しかし、ノートの中には母たる母が生き生きと存在していた。私にとって、このノートの中の母と会話することが現実の母の介護にあたる日々の大きな支えになっていった。

ノートには「皆に読んでもらいたい事」とも書かれていたので、少しずつ母の日記帳と自分史の部分を整理して、書き写したものが第一章の「私の歩んだ道」、第二章の「母・道子の日記から」である。

人生百年時代、ある長寿の記録として読んでいただければ幸いである。

第一章　私の歩んだ道

帖佐道子

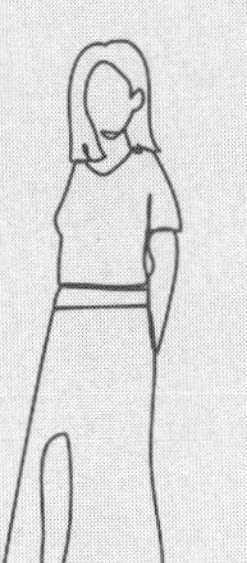

私は一九一七年（大正六年）十二月三日、福岡県門司市（現在の北九州市門司区）で、父有馬敬助、母シゲの長女として生まれた。父は男児と思い込んで「蟻馬（有馬）正道を歩く」という言葉から、正道と名付けると決めていた。しかし、生まれてきたのは女児だった。そこで、正子にしようか道子にしようかと思った末、道子に落ち着いたという。

この年は、ロシア革命によってロマノフ王朝が滅ぼされ、世界初の社会主義政権が誕生した。私は、そんな歴史的な年に生まれた事を何となく誇らしく思っている。

香港

一九一九年、私が二歳の時に、大阪商船門司支店に勤めていた父は香港支店勤務となり、母と私も香港に住む事となる。そこで弟が生まれた。

母は、才色兼備の社交家と言われた人であったが、香港でも早速イギリス人の奥様方と親しくなり、西洋の子供服の型紙を借りて、レースのついたエプロンや、ビロードに、白い糸で刺繍をした子供服など、シンガーミシンをせっせと踏んで縫い、着せてくれていた。

サイゴン

二年後、父の転勤で私たちは仏領インドシナのサイゴン（現・ベトナムのホーチミン市）に移り住んだ。そこで妹が生まれた。サイゴンの家は大きな家で、夕方になると、屋根裏の窓からコウモリの群れが飛び立って行った。ほかに覚えていることといえば、馬車か人力車に乗っていた時、大蛇がニョロニョロ道を這っているのを見た、そんな記憶だけである。

そのころの私は意地の強い天邪鬼で、暴風雨の日、何かの事で叱られ、「そんなに言う事を聞かないのなら外に出しますよ」と母が言うと、「外に出して！出してぇ！」と泣き叫んだので、やむなく母は椅子に座布団を敷いて、風で吹き飛ばされないように椅子に私をくくりつけてベランダに出したそうである。

サイゴンで暮らしたのは二年間であったが、後年、八十年ぶりに訪れた時に郵便局が当時と同じ建物で残っていたのを見つけて、非常に懐かしかった。

下関

一九二三年（大正十二年）には日本に帰り、下関に落ち着いた。

門司支店勤務の父は、毎日下関の家から海峡を渡って門司に通っていたが、酔って二度くらい海に落ちたと言っていた。

下関の家は広い道から玄関へ降りる坂があり、二階が道路くらいの高さになっていた。家の近くには和布刈《めかり》神社があり、年に一度のお祭りの行列を、どこかの座敷へ連れて行ってもらって見物したことを覚えている。

その年の七月に、二人目の妹の静子が生まれた。母が前置胎盤だったので静子は八ヶ月で生まれた。とても小さく、可愛いかった。四人きょうだいの長女である私は、七歳だったろうか。静子をねんねこで負ぶって階段を踏み外し、すごく叱られた。妹のことを心配してお守りをして痛い目をして叱られて、ずいぶん損だと、子どもながらに思った。

しばらくして門司の社宅に引っ越した。社宅の裏は広場になっていて、その塀の上を歩いて、優しい弟を心配させたりした。受け持ちの女性の先生は町の方に住んでおられ、上の妹の玲子を連れて先生のお宅に遊びに行ったことがある。私は相当に行動的な子どもであったらしい。

この年の九月一日に関東大震災があったが、私達はなんの影響も受けず、記憶にも残っていない。

台湾・基隆

私が小学二年生になった頃、父は台湾の港湾都市基隆《キールン》に転勤になり、門司から三日間の船旅をして基隆の社宅に着いた。

家の前には川があり、毎日橋を渡って学校に通った。暴風雨の多い所で、風に飛ばされそうになりながら学校へ通った。そんな日の学校通いは、冒険をしているようで、私はむしろワクワクしていた。

小学校の先生は、若い男の先生であったが、可愛がられていた。ある時、先生の膝に腰かけていたら、先生が私の股の割れ目を触って、「これ何？」と聞くので、私も先生の股間を触って「先生のこれは？」と聞き返し、先生を慌てさせた事を覚えている。

家の横には砂山のある広場があって、古い機関車が放置されていた。私たちはよく「かくれんぼ」に使ったりしていたが、母に叱られたとき、プイと外に出て皆が探しに来るまで、機関車の中に隠れていたことがある。家の前には高い木があって、てっぺんまでよじ登り、首を頂からだして、みんなを驚かせたりした。煙草の匂いと自動車のガソリンの匂いが好きで、前の道路を走る自動車の跡を追いかけた。大人しい女の子ではなかったが、扁桃腺をよく腫らして熱を出し、頭痛持ちでもあった。

厦門・コロンス島

そんな基隆での生活も二年間で、父は中国福建省の港湾都市、厦門《アモイ》に転勤となった。私たちは基隆の港近くの大きな旅館に泊まって、船が出るのを待った。二階の客室にいる我々のために、一階の厨房で作った食事をエレベーター式の箱で二階に上げて、それを女中さんが部屋に運ぶ。その様子が珍しくて、皆で眺めた。

台湾の基隆から船中で一泊して南シナの厦門に着く。社宅は、周囲が約四キロの小さな島コロンスの共同租界にあり、英国が管理していたらしくインド人のお巡りさんがあちこちに立っていた。父は毎日、コロンス島から厦門へ艀《はしけ》で通った。

島には洒落た洋館が点在し、車は走らず、乗り物と言えば、二人で担ぐかごだけ。紅いブーゲンビリアが咲き乱れ、リュウゼツランに似た亜熱帯植物が棘のあるバリバリの葉の真ん中に花茎を高々と立て、その茎を取り巻いて白い花が咲き続けている……。パラダイスのような島であった。

海からなだらかな丘が続き、一方の端には旗山と呼ばれる岩山があって、天候を報じる旗がはためいている。もう一方の端には、日本人小学校があり、私達きょうだいはそこに通った。生徒は多い時で三十人、少ない時は二十人位で、複式学級と言って、一・二年生、三・四年生、五・六年生の三教室で、先生は校長夫妻と若い男の先生の三人であった。五年生の私の級友は五人で、男の子は二人、銀行家の息子と職人の息子、女の子は下町に住む子と厦門から通うおっとりした子だった。私は目のきつい女の子だったらしく、男子にいじめられた女の子に「道子さん、○○さんを睨んでー！」と頼まれたりした。秋になって、上海から税関役人の息子兄弟が転校して来た。洗練されたハンサムな男の子で、私はその子を意識して、それまでお山の大将風に振る舞っていたのが、少しおとなしくなった。

小学校の運動会は、日本人倶楽部の人々も楽しみにしていた。ことにその年、昭和三年は昭和天皇の即位御大典であり、そのお祝いを兼ねたような催しになり、場所もいつもの公園ではなくインググランドグラウンドで開催された。家族をはじめ日本人居留民ほとんど全員が集まっての大イベントであった。

私にとってこの島の生活はパラダイスであったが、父は反日運動が目立ち始めたこの頃、日本人倶楽部の会長として、苦労が多かったようである。

別府

小学校四年、五年と厦門の小さな島で暮らし、六年生になって、日本に帰ることになる。父の今度の勤務地は、大分県別府市で、別府支店長となった。

当時も別府は温泉地として有名で、賑やかな活気のある大きな街であった。社宅としてあてがわれた家は、金持ちの別荘として贅沢に建てられたお屋敷で、二階に上がる階段は二つあり、半地下には温泉を引いた広い浴室があった。地下室は、たちまち、お中元、お歳暮の届け物でいっぱいになった。派手好きの母は、それらをどんどん配り、「また、もらうから」と言っていた。

私達きょうだいは、私が六年生、弟は四年生、妹が二年生に転入した。

当時の級友たちは皆、和服を着て髪をお下げに結っていた。私はと言えば、髪は短いおかっぱで、母の作った洋服姿であったので、慌てて髪を伸ばし、なんとかお下げにしたが、母は断髪に洋装、ハイヒールにパラソルという出で立ちで、麻雀の集まりに出かけていた。母は日本に帰ってすぐシンガーミシンを買い込み、香港やサイゴンの外人の洋服を真似て、自分のドレスや私たちの洋服を縫った。母のお気に入りのドレスは、白いシルクで裾が広がるサーキュラーになっていて、袖はなくグリーンのパイピング（縁取り）がしてあった。

父もステッキをつきイギリス紳士然として歩き、別府の著名人夫婦であった。父は羽振りが良かったことに加えて、夏目漱石に似た美男子で、花柳界で華々しい存在であったので、夫婦喧嘩が絶えなかった。母も父には内緒と子供達に言い含めていたが、若い恋人がいて、父不在の折には、家を空ける事も多かった。ある時、不倫がばれて離婚騒動になったが、母の才覚で乗り切ったようである。

小学六年生に編入学した私は、翌年は女学校に入学する事になる。誰でも入れると思っていたら、入学試験に合格しなければならないと聞き、慌てたが、無事筆記試験を終え、その後の口頭試験は、皆緊張していたが、あちこち渡り歩いてきた私にとっては、そう苦手でもなかった。

四月になると、短い髪を左右でピンと束ねてセーラー服の制服を着て、入学式を迎えた。父が新入生の父兄を代表して挨拶し、私は新入生総代の答辞を読んだが、これには学校当局の思惑があったと思う。

小学校は家から近かったが、女学校は山の手にあり、二十分ほど歩いて通っていた。忘れものをすると、職員室の電話を借りて、「ママ、○○を持って来て」と言うと、母は洋装にハイヒールで届けに来てくれた。親子して顰蹙を買っている事には気付かなかった。

勉強は好きで、試験は楽しかった。優等生になってしまい、級長などさせられていた。

級友には花柳界に住む人もいて、誘われて置屋の部屋を見せてもらったりした。いつもご馳走を届けてくれる別府一の料亭の養女も級友だった。相次ぐ父の転勤で友達を作る暇もなかったが、五年間暮らした別府で、生涯の友が数人出来、五十年経っても、時折、集まったりしていた。

父は若い頃、文学を志し、早稲田大学文学部を目指して予科に通ったらしい。体調を崩して中退しているが、本はたくさん持っていた。私は勉強部屋の押し入れに並べてあった本を片っ端から読んだ。ロシアの小説、哲学書、詩……。私は友達づくりの下手な、頭でっかちの痩せっぽちの女の子だった。母は私を人に紹介するときはいつも「しっかりした娘です」と言っていたが、私はちっともうれしくなかった。

「人間の生と死」について考えることも多く、自分の葬式の夢を見たり、夜中になると妄想に襲われて、夜が来るのが怖くなった。体が寝たままの状態で高く上がり、次にドスンと下に落とされる。それが何回も続く。口の中にギザギザした物体が湧き出して、それらが止めどなく続く。私は夜眠れなくなり、夜が来るのが怖くて耐えられなくなった。母に訴えたら、主治医の先生のところに連れて行かれ、薬をもらって飲み始めたおかげでその妄想から逃げ出すことができた。多分睡眠薬であったろうと今にして思う。

温泉の観光地として有名な別府にはホテルや宿屋が多く、海岸通りには三階建ての日本旅館が立ち並び、夏は花火があがった。私たちは旅館の一つに招かれて、毎年花火見物を楽しませてもらった。また亀の井ホテルのオーナーは鶴見園という遊園地を持っていた。鶴見園には宝塚歌劇団のような少女歌劇団があり、長い休みにはレストランで食事してその舞台を見るのが最高の楽しみであった。母は劇団から楽譜を貸してもらって、オルガンを弾いていた。

夏の甲子園が始まると、母は単身、甲子園に野球見物に出かけた。子供たちはよくお留守番したものだ。私は十三歳、弟十一歳、妹九歳と七歳くらいの頃である。

その頃は大分商業が強く、監督の先生がよく食事に来ていた。当時、家には珍しい電気炊飯器（最初の頃の大型の外側式のもの）があり、ご馳走はビフテキ、サラダ、スープと珍しい洋食であった。

その後、弟は大分商業高校に入学した。監督の口添えがあったのかもしれない。弟は毎日大分まで通学した。弟は絵画がずば抜けて上手で、他の人とはかけ離れていた。将来は美術学校に行くと決めていたし、父も承知はしていた。

鹿児島

別府には五年近く住んだが、父が鹿児島支店長として郷里の鹿児島に赴任することになった。昭和八年頃のことである。女学校四年生の春は関西方面の修学旅行に行き、夏休みをもって退学した。鹿児島県立第一高等女学校に入学するため編入試験を受けるべく、母の実家でもある叔母の家に寄宿した。一歳上の従姉が第一高女に在学していたので、その教科書を借りて入試に備えて勉強した。第一高女は、鹿児島の女子校では名門で、当時の校長は「たとえ知事の娘でも合格点を取らねば入学は許可しない」と言っていた。

鹿児島では、玄関が二つあり日本庭園がある立派な家が社宅としてあてがわれ、親子六人と下女との生活がはじまった。私は二学期から県立第一高女（一高女と言う）の生徒になって、東郷元帥の校章を胸につけて、馴染みのない学校へ通い始めた。

鹿児島第一高女は同じ町内で五分もかからないところにあったが、言葉は違うし、友人もなかなかできず、遅刻寸前に出かけ、最後の授業が済んだらすぐに帰宅する毎日であった。

鹿児島で初めて迎えた正月は、芸妓が三人ぐらい来て、派手なにぎにぎしい正月であった。

その年の秋、加治屋町に洒落た洋館の家が売りに出て、父はそこを買って移り住んだ。はじめての持ち家であった。

その頃、父は先輩の海運会社を引き継いで、経営にあたることになった。


女学校を卒業したら、師範学校に入学しようかとも思っていたが、教師になる気はさらさらなく、進学は諦めた。勉強することがなくなった私は、あんなに苦手としていた編み物と洋裁を始めて妹達の洋服まで作るようになった。

ありきたりの和裁やお茶、お花といった花嫁修業はしたくなかったが、お花だけは習いに行っていた。家事は一切手伝わず、女中に任せ、当時としては珍しいタイピストの養成学校に親に無断で入学し、四ヶ月後には一期生として卒業した。学校の掲示板に貼ってあった銀行の求人募集に応募して就職試験を受け、タイピストとして入行した。

一九三七年、二十歳のときだった。前年には東京で二・二六事件が起こり、この年の七月には海の向こうで日中戦争が始まっていたが、鹿児島は、私の目に映るかぎりは平和だった。

タイピストとしての銀行の給料は高いほうであったが、タイプを打つ仕事の他に、事業記録まで書かされた。

面接の時に「結婚は?」と聞かれて、「当分しません」と答え、給料をもらって自立した生活で、仕事の傍ら、雑誌に随筆、詩、絵など投稿して、生き甲斐を感じて日々を過ごしていた。毎日家を出るのに、親には適当な言い訳をしていたのだが、ある日、外交員が「有馬さんのお嬢さんが……」ということになって、身元がばれてしまった。親は私の気まぐれを黙認していたようであるが、会社としては、父との関係で、気を使う社員を抱えてしまったと思われたのであろう。私に対する扱いも変わってしまい、ボチボチ、縁談も出てきて、一年足らずで退職した。

縁談相手はほとんどが、格式を重んじる家の長男であった。見合いが実現したのは二つだった。はじめの見合いは、鴨池公園の食堂での食事の後、海岸を散歩したが、相手は三高、東大出身で満州で役人をしているとのこと、相当の美男子であった。これは遊び人だと見たので、翌日相手の家に来てほしいと言われたがお断りした。もしそれが纏まっていたら、良い暮らしはできたにしても、命の保証はなかったかもしれないし、自我の強い私には辛いことであったろう。

しかし、因習の強い鹿児島の土地柄、長女の縁談がまとまらないと、妹たちも婚期が遅れるという事で、長男以外の人ならと見合いした。彼はお茶を出した私の手しか見なかったとのことで、再度の見合いとなり、また鴨池公園を出て海岸を歩きながら、今度はだいぶ話をした。軍人の三男で、陸軍士官学校に入学すべく二浪したが、視力が弱い、体重が足りないなどで、士官学校入学をあきらめて、旅が好きなので、鉄道会社に勤めて東京で暮らすという男性であった。

正直そうな人で、遊び人でもなさそうであった。父親が「どうか?」と尋ねるので、「お父さんはどう思われたか」と聞き返すと、「良い人だと思う」とのこと。私は東京に住めるというのが気に入ったので、結婚することにした。私の本心は東京に行って、何か職業を見つけて独立することが第一義であったから、結婚して家を出るのが最善の手段であったのだ。

東京・鹿児島・東京・横浜

昭和十四年二月二十三日照國神社にて帖佐長文さんと挙式し、帖佐家の人間になった。

翌日の午前中は挨拶回りをして、午後に東京へ出発。京都の兄上のお宅で一泊。東京は目黒区大岡山で新居を借りた。家賃十八円。玄関の奥に八畳と四畳半の次の間があり、水はポンプで汲み上げる。風呂は近くの銭湯に行った。風呂屋の路地に貸本屋があり、そこで本を借りるのが唯一の楽しみだった。貸本屋の主はたぶん文学を志していたのだろう。私に「何か書いたら」と言っていた。

夫は手取り五十円の鉄道員。当時、品川駅に勤務し、夜勤もある毎日であった。ある時、夫に「楽しみは何?」と尋ねたら、「腹いっぱい食って、ああ、じっだれた(満足)とくつろぐときかな」という返事が返って来た時は、本当に愕然としてしまった。以来、夫には何も期待しない事に決めて、私は自分でこの先精神的に成長しなくてはならないと心に誓った。

まさかの妊娠と知ったのは、その年の秋だった。妊娠五か月を過ぎていた。

昭和十五年三月十一日、長女美紀子誕生。

身体が細く丈夫とは言えなかった私は子どもが産めるとは思ってもいなかったし、東京で何か仕事を探すつもりであったのに、子どもが生まれて私の人生はすっかり塗り替えられてしまった。考えてみると、これが私にとって最良の道だったのだろう。

両親は、娘のいる東京に出てくる事を楽しみにしていて、度々出てきていたが、父は家族が増えるに当たって経済的に安定するようにと、友人に頼んで、国策事業の電力会社である日本発送電への転職を世話してもらった。おかげで月給は百円となり、親子三人が暮らせる広い家に引っ越す事が出来た。新しい借家は渋谷区斐川町にあり、氷川神社を始め、國學院大學、実践女子大学が近くにあった。
すでに日中戦争は昭和十三年に始まっていて、私たちが渋谷に引っ越した翌年の昭和十六年十二月八日には太平洋戦争が起きている。そんな世情の中だったが、親子三人、ささやかな幸せの時を過ごしてもいた。

昭和十七年、夫は当時オランダ領であったインドネシアに南方資源調査団の団員に推薦された。夫は迷っていたが、いずれは召集されて戦地に赴く事になるのだから、ここは、是非、調査団に加わるべきと説得し、九月一日、調査団の一員としてインドネシアに出発した。会社は、一時休職扱いとしてもらい、軍属として将官扱いとなったのは幸運であった。

太平洋戦争は、戦局の前途を楽観していた日本に大きな打撃をあたえた。国は情報統制をしていたと終戦後に聞いたが、夫の南方行きの話と同じ頃にあったアメリカ空軍による初めての本土空襲には驚いた。昭和十七年四月十八日に起きたその空襲は東京では新宿でも被害を出している。

九月に夫をインドネシアに送り出し、留守宅を守っていた私を母が迎えに来て、衣類だけ持って鹿児島に疎開した。

次々に召集令状が来て、夫が戦地に赴いてしまった妹たちも子供達を連れて、父のもとに疎開して来た。賑やかな暮らしであったが、鹿児島市内も危険になり、父の家が焼けた。父は会社をたたみ、鹿児島県の北東部、栗野に広い庭のある家を買い、家族全員で疎開した。

父は庭で作物を育て、朝早く、裏手を流れる栗野川に川魚を釣りに行った。我々もセリつみ、タケノコ掘りなどを楽しみ、母は田舎の隣人たちの仕立物を請け負い、せっせと古いミシンを踏んだ。

蕎麦の花が風に揺れる美しさ、みずみずしく大根の葉が育つ様、かわいらしいネギ坊主等々、作物が実る美しさを深い悦びと共に味わう事ができた。とは言え、四キロの山道を背負子を担いでの畑通いは、かなりきつい作業ではあった。加えて、あちこちの空襲の火炎を山の上から眺め、戦局の深刻さを実感し、防空壕を作るための木材を父と二人、リヤカーに積んで運んだ時には、二人してリヤカー共々、危うく谷底に転がり落ちそうになった。

昭和二十年八月十五日。全面降伏の放送があって、父は「私は自害します」などと言っていたが、私は、国は敗れたとしても、自分達は生き延びる事が出来たと心底嬉しかった。

妹たちの夫は次々に帰還し、父の下を去って行ったが、私の夫は生死が分からず、私は二人の娘を育てつつ、自活していく道も考え始めてはいた。長女は、終戦の翌年栗野の小学校に入学。黒黒と塗られた教科書をもらい、教育の指標を失った教育を受ける事になる。教育勅語も無くなり、アメリカの自由主義が強制されて、担任の先生が「敗戦はこれからです。愚民政策です」と日本の将来や、教育に先の見えない不安を感じておられたのを深く受け止めた事であった。

昭和二十一年九月、次女が「誰か来たよ」と言うので、出てみると、リュックを背負った痩せて憔悴した夫が、立っていた。戦死の知らせを受け取った知人、未だに行方の知れない家族の多い中、無事に帰ってくれた悦びをかみしめた。

夫たちはインドネシアで捕虜となり、収容所で豚や羊を飼う生活で命を繋ぎ、一年余りたって、和歌山県の田辺港に帰り着き、やっとたどり着いた鹿児島市はほぼ全市空襲を受けて、行方の分からない家族を探して、漸く栗野にたどり着いたのであった。しばらく静養した後、休職扱いであった夫は、九州電力の勤務となり、福岡県有明海に面する大牟田市で民家を借りての下宿生活を始めた。

しばらくは、家族別居生活であったが、やがて、東京電力と衣替えした元の会社の本社への転勤となり、浜田山の焼け残りのアパート六畳一間に親子四人落ち着く事となった。少しずつ、戦後の復興が実を結び、生活にゆとりも出来て、住宅建設も進み、我々も六畳一間の生活を卒業し、杉並区、馬橋（現在の地名は阿佐谷南）に二軒長屋ではあるが、五十坪の敷地に三間ある社宅に引っ越す事が出来た。そこで、長男が産まれ、五人家族となった。その頃はまだ水道がなく、おむつを洗うため、一日三回は共同の井戸に足を運び、社宅の隣人たちとの井戸端会議は人嫌いの自分にとっては苦痛であった。

疲れ果てていて、病気になって入院したら、楽だろうなどと考えたりしていたので、思いがけず、次女共々猩紅熱にかかってしまい、伝染病だからと隔離され、その間、小学四年生の長女が学校を休んで、赤ん坊の弟の世話から、家事一切を引き受けてくれていた。隔離期間の三週間で私は猛反省し、病院から脱走して、家に帰ろうかと思いつつ、心で長女に詫びていた。

その後の私は、息子の学校の役員も引き受け、その役員仲間たちと旅行をしたり、女学校の同窓会にも出席し、桂離宮や修学院離宮など、京都在住の友人に案内してもらったりし、かつての同級生たちから、「びっくりする程変わって、付き合いやすくなった」と言われたりした。夫は旅行好きだったから、私が出かけることをむしろ喜んでいたぐらいだし、なによりよかったことは、若い頃は完璧を目指して他人にも自分にも厳しかったが、そんな優等生根性を抜けだしたことだ。

子供達が巣立ってから、これからは自分のための時間を有意義に使いたいと、かねて魅力を感じていた「ろうけつ染」を習い始めた。先生は弟子をとらない人だったが、ＰＴＡ時代の友人の伝手で、やっと弟子にしていただいた。当時住んでいた阿佐ヶ谷から渋谷に出て井の頭線に乗り換え、また乗り換えて先生のお宅に通った。

図案をあれこれ考えて、有名絵画や、風景、建物、あらゆる分野の物を参考にして、オリジナルデザインを考え、着物を染めた。素人ながら銀座で展覧会を開くと、買って下さる人や注文して下さる方などもあり、自己実現出来て、染め物に打ち込む日々であった。

退職した夫と世界中あちこち旅行して、私は行く先々で染め物の図案を探し、スケッチをため込んで、わくわくし、夫との旅を楽しんだ。

横浜に移ったのも、阿佐ヶ谷で染め場にしていた道路に家が建ち始めて、一反張る場所がなくなったからだった。帯を染めて乾かすのに、充分な広さのある庭が欲しかったので、阿佐ヶ谷の家を引き払って、横浜の次女の家のそばに庭の広い家を買い、そこで、帯や着物をせっせと染めていた。横浜に探した家の庭がちょうど格好の染め場になったのだ。

四十七、八歳で習い始めて、およそ三十年近く続けていたろうか。

先生のお宅は杉並区の芦花公園の近くで、横浜からはバスや電車を乗り継いで二時間以上かかる上に、ろうけつ染めの最後の工程の熱処理をしてくれる蒸し屋さんが廃業したことをきっかけにろうけつ染めは卒業することにした。

又、ろうけつ染めの傍ら、お習いしていた謡も国立能楽堂の研修舞台でおさらい会などにも参加し、お能に親しむ楽しさで続けていたが、こちらは、先生が亡くなられて、新しい指導者を探そうかと話し合いもあったが、同好会の仲間も高齢になり、体調その他、事情があったりで、この際解散しようという事になった。

人生、何度目かの退け時というものか。夫は元気ではあるが、八十五歳を過ぎ、私も間もなく八十歳。夫は、老人マンションに暮らしている四歳年上の兄夫婦の世話を何くれとなく見ていたのだが、自分たちの先行きも考えて、この際、同じマンションに住む決断をした。引っ越しには、例によって長女夫婦が手を貸してくれて、シンプルライフをスタートさせた。

食事は三食マンションのダイニングルームを利用する事にして、私は、長年の主婦業も卒業。開放感を味わいつつ、この新しい暮らしに期待した。マンションには四十近い趣味の同好会があり、囲碁、自彊術《じきょうじゅつ》、ちぎり絵、コーラスの同好会に入会して、さっそく活動を始めた。以前から習っていた謡は、このマンションで同好の士と出会って、二人で会を立ち上げた。これらの同好会で、私は本当にたくさんの友人ができた。

囲碁は長文さんの勧めだった。私が囲碁のルールがわかるようになったら、二人で碁を打てるから、と。自彊術は、同好会がない日も毎日やった。ちぎり絵はこの後、毎年、市やこのマンションの文化祭に出展した。

その頃の私はよく出掛けてもいた。国立能楽堂は研修舞台で謡の会に出たこともある馴染みのある場所だ。そこで「隅田川」を見たり、横浜のサロン朗読会で幸田文さんのエッセイや芥川龍之介の「二人の小町」を聞いたりした。

子供達もそれぞれ家庭を持ち、我々の選択を歓迎しているようであった。


マンションでの快適な老後が五年あまりすぎた。

平成十一年七月十一日、夫が実にあっけなく亡くなった。よそ事のような気がしていた。

亡くなる週にも、かつてインドネシアで過ごした仲間の「ジャカルタ会」に出席するのを楽しみにしていたのに、九十歳の誕生日を前に、検査入院の翌日逝ってしまった。娘との前日の会話は、「お父さんも入院体験しておいたほうがいいわよ」「そうか?」であったという。

夫は、大きな人で、柔道三段、少年野球も花形的存在で、スポーツ好きの巨人ファンであったが、身体のわりに気の小さな人であった。仕事の関係でお歳暮などが届き、それが高価なものだと思うと、受け取った事を気に病んで、送り返してほっとしたり、正直で上質な人であった。七十過ぎても会社と縁が切れなかったり、退職後は町会長や老人クラブの会長なども引き受けて、賑やかな事、人と集まって、食べる事の好きな人であった。そのためお葬式は、賑やかに、大勢の人に来ていただいた。

反対に、私は、賑やかな事は好きではないし、食べる事にも執着がないので、私の葬式は地味な直葬にして欲しいと思っている。三人の子供、六人の孫達で充分だし、彼らが生存中の私の事を覚えていてくれる間は、私の魂は生き続けると信じているから。

第二章　母・道子の日記から

帖佐道子

■二〇〇三年■　八十五歳

十二月六日

老いの日々である。若い頃は人生三十年後は無いと思っていた。その三十の時に長男を出産。自分に子供が出来るとは夢にも思わなかったのに、三人の子供に恵まれ、今では子供がいたからこその私の生き甲斐であったと感謝している。

八十五歳を過ぎて、まさに正真正銘の老人になった。しかし、私は心では、そのことを承知していない。これから新しい老年期を過ごそうと思っている。

先夜、テレビで百二歳の西陣の織り師が新しい作品の下絵を描いているのを見た。感銘を受けた。

今、暮らしている高齢者マンションにも百歳を超える方が二人はいらっしゃる。

■二〇〇四年■　八十六歳

二月

今年度の芥川賞の受賞者は十九歳と二十歳の女性であった。まだ作品は読んでいないけれど、実に驚きであった。

何れの分野においても、もう我々の時代は過ぎ去ったという事を改めて、感じさせてくれた。

老人は老人なりに、どんな「生」を歩めるのか？　そして「死」の難しさ。この二つが私の課題である。私の住む、ライフケア・マンションは、建ってから今年で十六年目を迎える。最初に入居した方は、三分の一になってしまったそうだが、新しい入居者がどんどん増え、なかなか活発で、各方面に活躍している。

先日、テレビの番組「百歳万歳」を見ていたら、百歳を超えた女性で、もう長くエッセーを書き続け、高齢者に回し読みしてもらっているという方が紹介された。其の方は絵を描く事も好きで、押し絵も紹介しておられた。大いに見習うべきと思った。

六月十六日

平成十六年六月十六日。偶然ながら六の数字が並ぶ日。

整理の悪い癖で、相当の物がたまり、段ボールに詰めて捨てようとした物の中に、甥が以前コピーして送ってくれた父の手記が出て来た。以前は、コピーで読みにくく、会社の事が多く書かれていたので、拾い読みして忘れていたのだが、捨てる前にと読み返してみて、今なら同感する事も多く、私も書いておこうと勇気づけられた。平成十六年、六月十六日は、父が私に逢いに来てくれた記念日だ。

▒二〇〇五年▒　八十七歳

一月十日

横浜に出かけたら、振袖姿の女性が溢れていた。男性でも、羽織、袴に白足袋、雪駄姿もあり、貸衣装にしても相当な値段がしたろう。親御さんたちが費用を負担したのだろうが、一生に一度のこの日、意義ある成人式にして欲しいと思う。

帰ってみたら、知人の御連れ合いからの死亡通知の葉書が二通届いていた。私は、何時かやってくる、醒める事のない深い眠りに入るために、よりよく今日を生きねばと、成人式の若者たちの姿を目に浮かべつつ、知人の葉書を、暫く手にしていた。

五月十七日

今日は、少し私らしい小文を書いておきたいと思った。

先日、片付けものをしようとロッカーの中を見ると、古いノートを見つけた。栗野に疎開していた頃か、永田台で暇ができた頃かわからないけれど、この頃ではでてこなくなったボキャブラリーも使われていて、充実した文章であった。それを読んだ後、このノートには、鹿児島第一高女に転校したところから続けて書くことにした。

六月三日

今年も六月になり一年の半分を過ごす事になる。私にとっては丁度あと半年で八十八歳、米寿となる。思ってもみなかった長命となった。

横浜に行く。地下鉄も割合早く来たし、横浜からバス停へ出ると、緑車庫行のバスが来ていて、十一時の碁の講座に間に合った。

六月七日

義兄の九十八回の誕生祝をする。実に立派な方ではあるが、重度の認知症の老妻を抱え、子供もなく、難聴が進み、最近は、筆談で用を足すことも多くなっている。来年は、私が米寿、義兄が白寿。二人揃って、長寿のお祝いが出来ればと思っている。

七月

コーラスの練習で、近ごろは、楽譜を読む速度が遅れてしまう事が気になり始めた。そろそろ、引退すべきかと感じる。

このマンションに入居して、コーラスや謡、ちぎり絵、自彊術、短歌と、欲張って沢山の同好会に入会したことで、沢山の良き友人が出来た。

Tさんはその中でも、最も気の合う方である。その彼女が体調を崩して、暫くお逢いしていない。思い切ってお部屋をたずねてみた。

ベッドに横になって、お小水が出ないと言い、随分むくんでいらっしゃった。血圧も低く、明日入院されるとのこと。良くなられるように、切に祈る。

十一月十五日

テレビで、今年ノーベル賞を受賞した学者と学生たちのゼミの様子を見た。学者の一人は「本当に自分のやりたい事を見つける事」。もう一人の方は「とても自分には出来ないと思っても、あきらめずにやってみる事」と語っておられた。これはとても大切な事と思う。この年になって今更とは思うけれど、「開き直って、やってみようじゃない！」と言ってみたい。駄目で元々だし、多分神様からストップ信号がでるだろうから。

十一月三十日

義兄が九十八歳で一昨日亡くなった。私の米寿、義兄の白寿を、共に祝おうと思っていたのに残念だった。

告別式には、沢山の私の友人の方々が参列してくださり、せめてもの事と思う。葬儀一切を取り仕切ってくれた長女夫婦には深く感謝している。

十二月二日

米寿の記念旅行。朝、タクシーで新横浜に行き、長女夫婦と新幹線で、福岡に向かう。私の米寿のお祝いに九州旅行に連れて行ってくれるのだ。

福岡には孫が転勤していて、夜は彼の行きつけの居酒屋に案内してくれた。

居酒屋は初めてで、焼き鳥、焼き魚、お塩を高いところから振りかけるのも珍しく、楽しかった。ホテルに帰って一人部屋だったが、その夜はトイレに何度も起きて、よく眠れなかった。

次の日は、孫が車を運転して、佐世保から長崎の平戸まで連れて行ってくれた。夜は福岡に帰り、私の米寿のお祝いに予約しておいてくれた、高台の日本料理店で、素晴らしい会席料理をご馳走になった。

幸せな一日で、その夜はぐっすり眠った。

十二月三十日

一日千字を目指して書いてきた。あちこち飛んでしまって読みにくいかと思うが、一応読んでもらいたいし、自分達のよってきた道というか、そんな人もいたかと思ってもいいし、何かの道しるべになればよい。そんな生き方をした人もあったかと。

今、ここに生かされている事をなによりも感謝している。

杉並から居を移したことも、いま、このライフケアに来たことも、私から希望したことだ。私は老親の世話を一人もしていない。自分もなるべく誰かの世話にならないようにと念じている。

「生みの苦しみのあと、二年近くはそれぞれおむつの離れるまでは子どもたちを世話して来たのだから、一人の子どもに二年、三人いたら六年、面倒みてもらっていいのだ」というのが、級友の田代さんの持論だけど、これから成長していく愛しい可能性をもった子、それを見守るだけでも楽しいのに、物忘れ、足元が悪くなり、おむつの必要になっていく老醜をなるべく見せたくないという希望はある。自分のことはなるべく自分で。

長文さんも自分の老いを見せたくなかったので、長女の見舞いも避けていたと思う。それは私においても然りである。

脳細胞はどんどん萎縮していくし、世の中は驚くべきスピードで進化する。たぶん五十年しないうちに宇宙に行くこともできるだろう。たとえ考える力が残っていても、進化していく世の中にはついていけないだろう。

でも、何とかついて行けるようでありたいと思う。

■二〇〇六年■　八十八歳

一月一日

長男が迎えに来てくれて、年末、年始を立川で過ごすことになった。出かけるのもおっくうだし、自室で過ごそうかと思ったが、好意だから今年までは、行ってみようとホットカーペットを持って出かける。熱くなりすぎるのではと心配されたが、とんでもない！　寒くて靴下を履いて寝た。

一日、実業団駅伝、二日、三日、箱根駅伝を見て、四日、横浜の金光教教会で、おみくじを頂いた。おみくじには、「表行より心行をせよ」とあった。教会の寒修行中はお参りをしようと思っていたのに、このおみくじかと思っていたら、風邪をひいたのか、熱と咳で寝込んでしまった。神様はお見通しなのだ。何でもやりたがりなのに、急に意欲が減退する。意欲も脳の前頭前野の働きだそうだが、まずは健康第一である。

三月十一日

脳の働きについて良いテレビ番組を見た。

「心はどこにあるのか」「前頭前野の秘密」「日常生活で脳を鍛えるには」脳科学者川島隆太氏とアナウンサーの対談であった。難しい事を考えるのが脳を鍛えるのかと思っていたがそうではなく、むしろ簡単な算数とか、読書とかの方が脳（前頭前野）は動いているのだそうだ。脳の仕組みについては、医学の進歩で、もっともっと解明されていくことだろう。前頭前野の働きの中には、意欲、集中力、創造力もあるのだろう。「心は前頭前野だと思う」と川島先生は言っておられた。

一寸読み返してみたら、結構、誤字があったり何をかいているか分からないところもあって、これは少々危ないという部分もありそうだ。

三月十五日

何を書くつもりでいたのか分からない。新栄地区センターに行って、囲碁の会「はしご」に出席する。八〇歳過ぎてから碁を習い始めたが、なかなか進歩しない。本当は、もっと本気でやらなくてはいけないのだろうが……。

山田先生が親切な方でよく教えて下さるのに、上達しないで申し訳ない。

四月一日

娘と駅前の中華料理店に行き、美味しい物をお腹いっぱい食べたからか、思いがけず痔が悪くなったのか痛みがある。ちぎり絵の友達に専門病院に行った方がいいと勧められ、思い切って出かけたが「痔ではなく、外がはれているだけです、このままでよろしい」との事で、塗り薬だけ貰って帰る。

四月四日

雨のため一日延びた甲子園の選抜の優勝戦。21対0というかつてない記録（今までは15点が最高だった由）で横浜高校が大勝し、かつまた0敗に終わったことは大変な記録だった。

コーラスがあったが、お茶もしないで、すぐ帰って見たのだ。これは偉かった。

四月二十九日

みどりの日。昭和天皇の誕生日。昔は天長節。昭和天皇がご存命なら百五歳。ゴールデンウィークの始まり。五月一日、二日と休暇をとれば、七日間の休み。海外に行く人たちは今までにない人数とのこと。

五月二日

一雨降ってやんだ頃、長女と食事に行く。回転寿司の本店。連休なので一杯だろうと思ったら、早かったせいか割合空いていた。「鰈」かなにかの唐揚げで骨を外してあり、猛烈おいしかった。

五月五日

今日は端午の節句、何か良い言葉を聞いたので、覚えていたのだが、忘れてしまった。何でもすぐ書いておかなくては駄目になるのだ。

思えば、平成五年五月五日、今から十六年前になるが、夫長文さんと弘前城の桜を見たことがある。盛りは過ぎていたが、すごい花吹雪で、それはそれは美しかった。

今年は富士霊園での素晴らしい桜だ。沢山の車が駐車していて、あちこちにお弁当を広げる家族がいる。長文さんにもっと沢山お供えを持ってくればよかったとも思ったが、お花は立派な百合も入っていて、豪華だったから良しとした。

五月十四日

今日で夫・長文さんが永眠して四年十か月になる。七月八日の五年祭までは元気で良いお祭りをしておきたい。十年祭まで出来たら申し分ないけれど、多分もう私には出来ないだろう。長文さんもそろそろ、来てもらいたいと思っているかもしれないなと時々思う。

六月六日

今日、長女夫婦が兄夫婦の遺骨を二体持って鹿児島に行ってくれた。長女は、子供のない兄夫婦の引っ越しの手伝いをして以来、十年間、自腹を切って、あらゆるものを買って届けたり、病院や老人保健施設への送り迎え、お見舞い、すべてを引き受けてくれた。兄は経済的には不自由はなかったが、姉は認知症が進み、兄は耳が不自由となり、二十四時間介護のヘルパーさんはいたが、寂しい晩年が長かった。

七月十五日

孫の初めての発表会が立川であった。タクシーで立川駅に着いたら、すごい雷鳴と稲光で、電車が止まっていた。会場まで、またタクシー。なんとか練習時間の開始に間に合って、リハーサルと本番をたっぷり聴くことができた。

さすが国立の桐朋学園を抱えた地区で、普通の発表会ではない。先生が三十年も教えているので、初期の生徒さんはプロに近い。ピアノだけでなく、ヴァイオリン、ビオラ、声楽とあり、ことに、メゾソプラノの独唱は私のためにもなった。

八月八日

平成十八年八月八日。八が三つも並ぶ日である。

富田メモが公開されて、靖国神社の問題が起こっている。

昭和天皇は戦犯を祭ってからは「靖国には参拝しない」と言われた由。確かに、靖国には日本のために戦死した御霊への慰霊が本意であるので、戦死しなかった人々を祭ったのは間違いだったろうと思う。

それに対して、問題を起こしている中国や韓国は内政干渉というべきと思う。

八月十二日

今日から、長女たちの家のある嬬恋にしばらく滞在する事になった。

途中、長女は一時、横浜の家に帰り、その間、お婿さんが食事の支度など一切やってくれて、私はなにもしなかった。

土曜の夜、テレビで、「スペードの女王」というバレエをボリショイバレエ団が演じているのが素晴らしく、遅くまでみてしまった。本棚から『則天武后』を借りて読み始めた。これも楽しみである。最後の日にはパターゴルフもした。ゲートボールの要領でやってみたが、破綻なくそこそこであったが、娘夫婦には褒められた。

十月

今年の文化祭（港北祭）に出品するちぎり絵の作品作りに苦心している。ゴッホの作品集から「ひまわり」を参考に「糸杉」とカラスが飛んでいる遠景を作り一応見ごたえのある作品になったと思う。油絵のための額しかなかったので、裏に厚紙を入れて何とか見られるものになったかな？

来年は、「蝶々」にするつもりだ。ちぎり絵は脳の前頭前野を使うと思うから、脳の活性化に役立つだろう。色紙はたくさんあるし、作品材料も、心がけていれば、作りたくなるものが出てくるかもしれない。

十二月二日

暫く怠けている間に早や今年も師走になってしまった。

明日は私の八十九回めの誕生日となる。こんなに生きられるとは思ってもみなかった。結構老醜をさらしている。六十歳ぐらいまではまだ見られるだろうと思っていたが、「老い」もここまで来たら、「さらばえてみようか」と開き直ってみたものの、我ながら疎ましいものである。

夫・長文さんはしっかり元気に若々しく年を重ねていたので、人にも「若い、若い」と言われ、自分の老いは人にも自分にも見せたくなかったのだろう。あっけなく逝けたのは何よりの事であった。

私も彼の最後のように逝きたいが、私は、昔から天邪鬼であるから、そうはいくまい。修行しなくてはと思っている。

十二月二十四日

長女からドイツのクリスマスケーキを貰う。

体操の友人Kさんはスポーツ好きで、御主人に「どうしてもテニスがしたい」といったら､反対されたそうだ。ご主人は毎朝三時に起きて､日中は寝ていて､時々､「居るか」と声をかけられ、いないとご機嫌が悪いのだそうだ。心臓に機械を取り付けており、いつも傍にいて欲しいのだという。全く男の身勝手である。自分と違って、何でも好きな事の出来る妻に嫉妬しているようだが、少しは広い心を持たれて、お互い悔いのない人生をおくられるように祈っている。思い切って御主人に忠告しようかとも思うが、それほどの関係ではないので、やめておく。

夕方から、「クリスマスソングを歌う会」があった。フロントのTさんが企画、出演して、もう二十年も続いている。今年は、ノロウイルス感染症が流行しているため、去年より少ない参加ではあったが、和やかに、楽しいひとときを過ごし、夕食は、ケーキもついて、素敵なディナーであった。

こうして、二〇〇六年も暮れようとしている。

▒二〇〇七年▒　八十九歳

一月五日

新年を長女の家で迎える。大晦日に迎えに来てくれ、紅白歌合戦を見た後、休もうとしたら、睡眠安定剤を持ってくるのを忘れた事に気付く。仕方なく、殆ど一睡もしなかった。元日はお雑煮とおせちを頂き、社会人駅伝を見る。二日、三日は箱根駅伝を見て、三が日、沢山食べて、睡眠不足、帰りは車に酔って、吐き気がする。早速睡眠薬を飲んで寝る。新年早々、大失態だ。

一月八日

今日は成人式だ。横浜に出かける地下鉄で乗り合わせた晴れ着姿のお嬢さんに、

「今日はお天気で良かったですね」と話しかけたら、沢山話し相手をしてくれた。女子大生で、晴れ着を着ていらっしした。あれこれ着てみて、結局いとこさんのを借りたのだそうだ。着物に合わせたネイル、髪飾り、趣味のいい良いお嬢さんだった。

一月九日

朝の自彊術体操。Gさんは、今日はお休み。Y先生、Mさん、私の三人だけ。終わって、三人で食事。今日はパン食。窓辺の席に男性二人並んで食べているのに、一言も会話せず、黙々と食べている．Yさんと感心しながら、我々はおしゃべりしながら楽しく、二人の男性を面白がりながら、観察。

これから、終の棲家としてここに暮らす方々の姿を折に触れ書き留めてみようかな。

自室で静養されていたYさんという九十九歳の方が亡くなった。Y先生はここが出来た最初から入居なさっていて、沢山の方を見送られたそうだ。中には、自殺なさった方もいたそうだ。

今年、女学校の同期生の我々は卒寿をむかえるので、友人達の安否を知りたいと連絡してみる。亡くなった友人も多い。病気を抱えて、先々が不安という友人も多い中、Kさんは「長生きをしましょう」と連絡してこられた。彼女は、戦争でご主人を亡くされ、苦労して文具店を開き、二人の子供を育てられた。火事にもあい、散々苦労したからこそ、今の安定した暮らしがあるのだろうと思う。彼女に比べたら、私は全く幸せな老境というべきであろう。

二月十八日

昨日、Kさんが自室で亡くなられた由、食堂でお目にかからなくなったので、どうしておられるかと思っていたが、亡くなられたとは驚きであった。

私もここに来てから、何人もの友人に先立たれている。一番悔しい死は、音楽、文学、絵画なんでも良くご存じで、最高の話し相手であったTさん。そのほか、Kさん、Gさん、義兄夫婦、夫、友人達。

今日、コーラスのお稽古で、「千の風になって」を教えてもらった。その歌詞の「私のお墓の前で泣かないでください。そこに私はいません。眠ってなんかいません。千の風に　千の風になって　あの大きな空をふきわたっています」。

私もそうありたい。

六月十八日

久しぶりにこのノートに、書いてみようと思っているのだが、何となく気が乗らないというか、さして事改めて書くこともない。

そんな時、Yさんから碁のお誘いがあり、碁室に出かける。先週、九日で一勝しているので、連続二勝したら、八目になるので、今日は頑張ろうと思った。Y

さんは、粘り強く碁を打つ人で、私の地と思っているところに打ち込んでこられる。しかし今日は、どういうものか、お婿さんに言われた「基礎を大事に、自分の石は繋ぐ、攻められる石を作らないよう」などが守れたせいか勝って、これからは八目での対戦となった。

嬉しくて、長女に知らせたいと思っているところに、彼女から電話があり、まだまだ進歩するから、頑張れと言われた。そうなる事を秘かに願いつつ頑張ろうと思う。まだ、私の脳は働いてくれるようだ。最高にありがたい事。

このノートにも又、何か書けるかもしれない。


今月は、月末までに、「ちぎり絵」を仕上げねばならない。これまた、あちこち不満が出て、ほったらかしにしている。人物がどうにも可愛くない。明日からこれにかかろう。明日は、コーラスはお休み。二十日は、碁の「はしご」の会で、Tさんと約束をしている。Tさんにも勝たなくてはならない。

六月十九日

第三火曜日なので、コーラスはお休み、午前中買い物に行き、汗だくになって帰り、洗濯をして、午後は横浜に出かけるつもりであったが、新栄地区センターで映画会があるというので、体操のメンバーと見に行くことにした。韓国の映画で、ナレーションが良くわからず、老人の認知症の話かと思っていたら、そうではなく、新婚の若い女性がアルツハイマーになって病状が進み、夫に「どなたでしょう?」といい、夫は「お初にお目にかかります」と答える哀しいドラマであった。ボールペンをもらったので、アンケートに長々と書いておいた。疲れていたが、見に行ってよかった。

六月二十七日

十二月には、九十歳になる。私も一通りの人生の区切りをつけた気分になっていた。

朝、電話が来た。「僕だけど、携帯が故障して事務所の電話を使うから」と番号を知らせて来た。息子から店の不況を聞いていたので、なんの疑いもなく電話を聞いた。二百万円至急振り込んで貰いたいと言ってきた。前々から援助の約束はしてあったが、あまりに急な事なので、「とりあえず来なさい」と言ったら、「行かれない」と言う。「突然言われても困る」と言うと「今、分かった事で、今日中に必要だから」と食い下がる。振込み先はT信用金庫で、口座名は息子の名前ではなかったが、それがおかしいとも思わず、心底息子が困っていると思い込んでしまった。

「携帯が」と言われた時に、疑ってみるべきであった。「十万ずつ入れて」と言われた時も、疑うべきであった。そもそも、息子からは、用心するように言われていたのだ。全く世間知らずのお恥ずかしい限りである。丁度、義兄から、世話になったお礼にと、二百万頂いていたので、その振り替わりだと思って、自分を納得させたが、何とも口惜しい事だ。私の一生を通しての大失態である。

その後、この悔しい思い、自分の馬鹿さ加減、その他複雑な思いで、すっかり自信を無くし、体調を崩してしまった。

十二月三日

とうとうと言うのもなんだが、私は今日、九十歳の誕生日を迎えた。

少し来し方を振り返って、自作の着物を着てみようかと、紬を「空と、水の流れ」をテーマに染めた着物を出してみる。

おもえば、子供達が巣立った後、三十年近く、ろうけつ染を習ってきた。

長く住んだ阿佐ヶ谷の家は、染め物を干すのに苦労したが、横浜に引っ越して、二人暮らしには部屋数も多く、一部屋を仕事部屋に使い、庭は、反物を一反張るのに充分な広さがあり、夫は喜寿まで会社、その後も外出好きで、私は気ままにろうけつ染めに打ち込む事が出来た。大荷物を抱えて、二時間近くかけて先生の元に通い、春の展示会には毎年、作品を出し、銀座の画廊では娘と同い年の友人と二人展も開き、着物や帯が追加注文を受けるほど売れたりして、作品の図案をいつも考えている充実した日々であった。ろうけつ染は、アイロンで、ある程度は蠟を落とせるが、最後は、蒸し屋さんで蒸してもらわなくてはならない。高田馬場の蒸し屋さんに頼んでいたのだがお店を閉める事にした為、私もろうけつ染を卒業したのだ。十年前位の事になろうか。

でも、着物を着てみるのも億劫で、しばらく眺めてタンスにしまった。

■二〇〇八年■　九十歳

十一月二十二日

女学校時代からの友人Kさんが亡くなったと、お嬢さんからお知らせがあった。思えば、私が結婚して初めて東京へ出て来た時の知り合いは彼女だけだった。と びぬけて美人というほどでもなかったが、実におおらかな、限りなくいい人だった。

母上が、素封家の二号さんで、彼女も贅沢な暮らしが身についていた。結婚した相手も出版界の要職についている人で、豪邸に住み、一ドル三百六十円時代に海外旅行をし、赤い服を着てスイスの街角に立つ写真などをくれた。私を高級レストランに連れて行ってくれたり、新劇に誘ってくれたり、贅沢の御相伴に預かったこともある。鷹揚で、天真爛漫、スケールの大きい人ではあったが、思い込みも強く、男に言い寄られたとか、変な目でみられたとか始終言っていた。

彼女に最高の生活をさせていた夫君の浮気がばれた時、夫を譲ってもいいと思い、相手の女性に会いに行ったら、つまらぬ女だったので、古女房の座にとどまる事にしたと言う。彼女も九十歳で亡くなったが、私の友人の中で、もっともドラマチックな人生を送った人であった。

■二〇一〇年■　九十二歳

十月二十日

久しくこのノートを開かなかった。私もここに住むようになって十一年となる。今日は、港北祭に出品するちぎり絵の作品を作ろうと思い立って材料を広げたが、すっかり指先が効かなくなって、思うような作品が全く出来ない。コーラスも譜面を追うのが遅くなり、囲碁も勉強が難しく、ちぎり絵だけは最後までと思っているのに、これも限界もいいところだ。

Mさんが「あれも限界、是も限界」と良くおっしゃるが、九十三歳になろうという身なら当然の事と思ってみても、あきらめきれないというか、気落ちする。「歩けるだけでも、有難いのだ！」と常日頃自分に言い聞かせてはいても、である……。

年には勝てないとしみじみ味わっている。九十歳から何か新しい事を始めたいと「短歌の会」に入れてもらったのだが、少しも佳い歌は出来ないし、最近聴力も衰えてきて、皆さんの話もよく聞こえないし、そろそろ退会した方がいいかと考えている現状だ。

先日、長岡輝子さんが百二歳で亡くなられたが、最後までご立派な方で、最高の人生を送られた方と思う。

十一月十六日

この前の日記から約一か月たってしまった。

昨日から歯茎が痛くて、入れ歯を外しているのだが、痛みがひどくなる一方なので、さすがの私も歯科に行くことにする。予約をすると、今日の四時はと言われ、迎えに来てくれると言う。やれやれと出かけたまでは良かったが、肝心の入れ歯を持ってくるのを忘れ、痛み止めを貰って、歯のお掃除だけしてもらって帰ってくる。帰ってきて、先日引き下ろした十万円がどこをさがしても見つからない。まさか、盗まれるはずもないし、必死にさがしまくり、とんでもない所にあった。

物事は、その時に決められた所に置くべき事を痛感する。今日という日は何だったのだろう。記憶力の低下、頭の衰えを痛感させられた一日であった。

十二月二十二日

今日は、冬至である。大浴場では「ゆず湯」である。私はミカンの皮を沢山干してあるので、柚子の代わりに蜜柑湯にしていつもよりお湯をたっぷり沸かした。嗅覚がないので、香りはなかったが、肌はすべすべしたように思う。そろそろお正月に向けて、お掃除をしなくては。足元その他、充分に気をつけてやらなくては。百歳万歳というテレビ番組をみると、意気盛んな方が多い。私も何かお役に立つ事を考えたい。

なごみ俳壇

残暑　未知女《みちじょ》

空蝉や　七とせかけた　命かな
蝉時雨　降るごと梢　ゆらしけり
朝まだき　風の中行く　残暑かな

（なごみ会会報　二〇一二年九月号）

春を待つ　未知女

モノクロの　空を仰ぎて　春を待つ
春待ちて　見上ぐる夜空　星冴ゆる
この世での　最期の豆撒く　年女

（なごみ会会報　二〇一三年三月号）

蝉

未知女

海の日に　小川で遊ぶ　幼なたち
蝉時雨　七日の命　せつなかり

（なごみ会会報　二〇一三年九月号）

■二〇二三年■　九十五歳

四月二十五日

久しぶりにこのノートに書く。九十五歳になっている。こんなに長生きすると は思ってもみなかった。しかし、ぽっくり死ぬと言う事は中々難しい事と知った。

この三月二十八日買い物に行き、裏口のドアーの所で転んでしまい、左目の上が腫れ上がり、健康管理室の看護婦さんが、脳外科病院に連絡し、聟が付き添ってくれた。そこで、自分の脳をはじめてみた。「九十五歳にしてはしっかりした脳ですよ」と言われ、これは、碁のおかげだと感じた。内出血で、すごいお岩になったが、脳にも異常はなく、骨折もしていなかったのは、おかげのおかげであろう。

十一月一日

今年の始まりに「面白い本に遭遇した悦び」を持った。

今年、読んだ本。

『舟を編む』三浦しをん著。辞書づくりの話。初めて知った辞典作りの苦労と内容。直木賞受賞作。面白く食事に行くのも遅らせて夢中で読んだ。Nさんに借りた本なので、承諾を得たら貸したい人がいる本だ。

司馬遼太郎の『最後の将軍』を読んだ後、『梟の城』を読んだ。忍者の話であった。村上春樹の『海辺のカフカ』を連休中、嬬恋に厄介になって読んだ。なかなかのものだった。

昔のように読後感を書くのは面倒であるが、私はやはり本を読むのは好きだ。

▒二〇一四年▒　九十六歳

二月二十二日

今日は「二」の続く日。外はとても寒くって、出て歩けない。長女の家で夕方入浴後、食事をご馳走になる。

私は本当は命は尽きていると思う。神様のおかげを頂いて生かして頂いている。

十月二十日

大正六年生まれの私は、もう何も夢見る事がない。今日は天気が悪く、ちぎり絵も出来ない。不本意な一日とぼんやりテレビを見ていたら、百歳の長寿の方が、一人暮らしを立派にされていた。

百一歳の方の誕生日に集まって、来年もよろしくと言っているのを聞いて驚いた。皆さん百二歳を迎えるつもりでいらっしゃるのだ。

十月二十六日

文化祭に出す、ちぎり絵の大体の目途が付いた。後は仕上げだけなので、ケアーホールの映画会をのぞく。「たそがれ清兵衛」であった。前に見た作品だったけれど、すっかり忘れていたので、まあまあ楽しかった。

▒二〇一五年▒　九十七歳

一月一日

長女からこの三年連用日記を贈られた。現在九十七歳。この日記を最後まで書く事が出来たら白寿まで生きられる。長女の所に皆集まり祝い膳。良いお正月だった。

一月十一日

今日から大相撲が始まる。朝、外歩きは止めてホールを三周する。自彊術体操の会のお別れ会。Mさんが用意してくださった。彼女は確か私と同い年だが、間もなく、一か月だか五十日だかの船旅に行かれると言う。お元気でなにより。

自彊術体操についで、碁の同好会も辞めてしまったので気が楽になった。これからは、三時のホールの体操に出ようか。

長女が図書館から大活字本をせっせと借りてきてくれる。本が読めるのは有難い。年賀状を出さなかった方に寒中見舞いを書こう。

Mさんの船旅、大雪になり案じていたが、息子さんに伺うと、「出発しました。私が送りました」との事。ご無事を祈っている。

二月

九時、美容室に行く。帰って『中村勘三郎　最期の百三十一日』を読む。琉球についての本も面白そうで、九十七歳最後のちぎり絵作りも気になりながら机にひろげたままである。

長女に、「汚れたものを着たままにしないこと」「冷蔵庫に何時までも食べ物を置いておかないように」など色々と言われる。それはそうなのだけど……。要するに、私は知らない事を知りたいというのが一番の欲なのだ。根を詰めて夜更かしして本を読んだので、夜、失敗。朝、パジャマを洗う。

三月

トイレの水漏れが気になっている。施設係のSさんが来て見てくれたが、便座がもう寿命という事である。後、二年は生きるつもりなので、十万はかかるが、新しいのに付け替える事にする。

ホールで映画会があって観たい映画だったので、行くつもりにしていたのに、忘れてしまった。何でも書いておかなくては駄目だ。高校野球、第二試合に鹿島が出る。負けるだろうとは思っていたが、大敗だった。

コーラス、自彊術体操、謡、囲碁、ちぎり絵同好会皆辞めてしまったので、トランプの同好会に入れて頂く事にした。毎週、木曜日の午後である。

四月

午後、映画を観る。本当の戦中はあんなものではない。今の人は当時の悲惨さを知らないのだ。戦後七十年とは、そう言う事だ。

五月

連休。杖持参で中庭を歩き新緑の酸素を吸ってくる。いい気分。ラウンジには「かぶと」が飾ってある。夕食には柏餅が出た。

朝早めに食堂へ。いつもの席が空いていない。お話し相手がいなかった。明日はもう少しゆっくり行こう。午後、有馬稲子さんのトークショーがあって出かけたが、全く聞こえなかった。もう本当に駄目だ。

昨日はテレビでオードリーヘップバーンの映画と大相撲を観る。楽しい一日だった。朝は娘も一緒に散歩。沢山歩かされて疲れてしまった。もう欲張るのは無理。

六月

雨で外が歩けず、ホールを歩く。外を歩く時は何歩あるくのか、今度、数えておこう。ホールを歩く時も同じ歩数にしよう。

長女が見事に掃除をしてくれる。見ているだけで疲れた。私は物作りは好きだが、片付けは苦手だ。長女が買って来てくれた夏服はちょっと若向きすぎる。それを、その辺に置きっぱなしにしていて、機嫌を悪くされた。しまった！

同い年のMさんは夕食は自分で作るし、お風呂も一番奥にあるジャグジーまで行かれるとか、さすが。もう一人のMさんは船旅中。これもさすが。

一方、私は、買物もお風呂も娘の世話。部屋も片づけない。ちょっと気儘すぎるかな。

今日は思い切って外歩き。道の脇に咲いていていたアジサイの小枝を折って頂いてきて、薩摩焼の花瓶に飾る。良い風景だ。

テレビの番組を見ていて、宇宙や地球の世界から見ると要するに、「人間」は束の間の生物なのだ。悠久の昔に存在しはじめて、やがて又、その中に帰っていって、宇宙の塵となって漂うのだ。そう思うと、気が楽になる。

七月

九十七歳の後期の始まり。元気に過ごさせていただきたいが、長女達が送り人になってくれるだろうから、何も案ずる事はない。

毎日とても暑い。銀行のカードを無くし探しまくる。出てきてよかった。もう覚えられない事ばかり。困ったものだ。しっかりしなくては。冷房を入れる。

七月二十七日

平成二十七年七月二十七日。七が三つも続いて、もう絶対にない日。

私自身も九十七歳の七月だ。

食堂前の月替わりの展示に、染めた着物と「ちぎり絵」二点を出すことにした。


これを最後にしよう。

八月

日の当たる散歩道を変えて、木立のある遊歩道を歩く。坂道の下りを歩くのが怖い。帰って、『女たちの赤紙』従軍看護婦の話を読む。

港北祭に以前染めた着物を出してみようかと思う。

大分の長年の親友が亡くなったと息子さんから連絡がある。もう残っている人は少ない。

今年の八月はもう嬬恋には行かず、ここで過ごそう。甲子園を楽しく見て過ごそう。

もう何年も生きないのだから、ケチらずに夕食ウナギをとった。

九月

長女が部屋をかたづけに来てくれる。大助かり。今日が土曜日だか日曜日だか分からなくなった。こんな調子だから、この日記ぐらい書いておかなくては。

歯茎が痛い。歩くのもつらい。もう何だか、何をするのも面倒だ。

歯茎の痛いのが堪えられなくて、車が迎えに来てくれる歯科に行く。若い先生が次回、入歯を作ってくれるそうだ。

十月

国勢調査の用紙が来る。さっさと書いておく。桜紅葉に秋を感じる。珍しく自分で買い物に行き、バナナ、せんべいなど沢山買いすぎて、帰りは難渋する。

朝、少し寒くなる。長女、洋服の入れ替えに来て、沢山捨ててしまった。

十一月

もう一か月すると、九十八歳。是非元気でいたい。小雨が降っていたが、毎朝の決まりだから中庭を歩く。お金を降ろそうと思ったが、預金通帳とカードが見つからない。長女が来て探してくれたが見つからない。ああ全く呆けてしまった。

十二月

銀行に届けて、新しく通帳カード作ってもらう事に。美容室に行く。明日はみんなが誕生日のお祝いをしてくれる。長女が何から何までしてくれる。「ありがとう、ありがとう」とあまり言うと嫌がられるので、これからは「ありがせん」と言おう。

カーテンをクリーニングに出す。長女がお正月に立派なお花を持ってきてくれる。九十八歳になってもう人間失格だ。本当にこうして人は亡くなるのだ。

■二〇一六年■　九十八歳

一月

三が日まで、家族の集まり、箱根駅伝、高校サッカー。図書室から借りてきて読んだ本。『海賊と呼ばれた男』『楡家の人々』『死に支度』。

大相撲は十年ぶりに日本人（琴奨菊）が優勝した。

四月

今日から四月、新年度。朝散歩は続けている。今日は掃除、洗濯をと思ったがリビングの掃除だけで疲れてしまった。

早く起きたので、遊歩道を歩く。満開のお花見をする。無事に帰ってくる。私はまだまだ大丈夫だ。これからは朝の散歩一〇〇〇歩にしよう。ただ途中で何歩か数え忘れてしまうだろうな。

六月

もう日記をつけるのも、ずっと休んでしまった。今日は美容室で髪を切り、気分を一新して頑張ろう。

今日は、二〇一六年、六月、六日。六が並ぶ日だ。少し派手目の服を着て朝散歩に出た。

トランプの日。億劫だけれど、暇つぶしに何か一つくらいしておかないと。

日記も書く事が無い。朝散歩、朝食、テレビ、読書、時々夜失敗、洗濯、シャワー。

七月

長女夫婦と嬬恋へ。寒い。長女にセーター借りる。ミニゴルフにも連れて行ってもらう。さすがにもう一緒に回るのは無理。ベンチに腰掛けて、浅間山を眺める。浅間山の山容は美しい。朝食後、ベランダを歩く。林の空気で肺がきれいになる気がする。一週間で横浜に帰る。

八月十五日

暑い日が続いている。冷房を入れて甲子園を見る。聟が対戦表を作ってくれたので、この表を見ながら、毎日楽しもう。今日は終戦記念日。昔の思い出がよみがえる。

長女達は嬬恋。息子達が嬬恋の家を継いでくれなさそうだから、せいぜい、自分達で楽しもうと言っていた。朝散歩続けている。しっかり歩けてよかった。

甲子園、今年は作新学院が優勝した。

朝歩きは、少し遅くすることにした。道で倒れたとしても誰も助けてくれないと考えて。後はくだらないテレビを観てすごした。

九月

長女夫婦は北海道旅行中、良い旅を祈る。

シャワーを浴びて、己の姿の哀れさに、これはもう生きていてもしょうがないと感じる。敬老の日の集いに着る服について考えたが、出席はやめようかと思う。Mさんに食堂でお逢いしないなと思っていたら、旅行していらしたとか、びっくり、来年もお嬢さんたちと旅行するつもりと聞いて二度びっくり。

木曜日のトランプ、もう仲間に入れて貰えるのもどのくらいかと思いつつ今日もでかけた。

十一月

今日は特別の日だった。長女夫婦と富士霊園にお墓参りにいく。私にとって、最後のお参りかもしれない。車中からずっと、富士山を眺めていた。駐車場に車を置き、歩いてお墓へ。良く歩けたと思う。とても美しいお墓で安心する。いつでも入っていい。帰りに美味しい鰻を食べた。

朝食に食堂に行くとSさんから服を裏返しに着ていると言われてしまう。気がつかなかった。いよいよ呆けて来た。よほど気をつけなくては。

久しぶりに長男がやってきて、汚くしていると言いながら、掃除をしてくれる。

そんなに丁寧にする必要はあるだろうかとも思ったが、感謝しておく。

十一月最後の日なので、美容室に行く。カットしてもらってすっきりした。

十二月

トランプ同好会の方から九十九歳のお祝いのカードをいただく。

日曜日には、孫が来て、オーディオルームでピアノを弾いてくれた。

ショパンのノクターンだったか、プレリュードだったか。皆からプレゼント沢山頂く。感謝。

久しぶりに、二歳年下の弟に電話してみる。話が全く通じない。息子が隣に住んでいるから大丈夫と思うが。

トランプ仲間のYさん、ここには居られなくなって、他所の施設に入られたとか……。

食堂の昼食、焼きそば。今日のはパリパリで美味しかった。

珍しく、頭痛がする。そろそろかもしれない。トランプはお休みしようかと思ったが、長女が皆さんへのお礼の品を買ってきてくれたので、持って出かける事にした。

長女がベッドカバーを持ち帰って洗濯してきてくれた。新年に向けて、すごく整理してくれた。長女様さま。私は、千の風、万の風になって彼女を守るしかないだろう。

せめてと、ドアーに正月飾りを掛ける。

第三章　母と私の日記

帖佐道子
高橋美紀子

【母】

二〇一七年　母 九十九歳　私 七十七歳

七月　八月

嬬恋に長女夫婦と行き、涼しい一週間を過ごす。二人に感謝。

八月は、どうしょうか迷っていた。途中は長いけれど、着いたら涼しいので、やはり行く事にする。

船旅に出たものの、体調を

【私】

九月三十日

百歳を目前にしていた母が、住んでいるマンションのラウンジで転んで救急搬送されたという連絡を旅行中に受けた。慌てて帰宅。

十月一日

母は、左足大腿骨骨折、高齢であるからこのままではどうでしょう?と主治医に相談す崩されて、途中下船して帰ってこられたMさんが亡くなられた。良い生涯を過ごされたと思う。私もそろそろかとの思いを強くするが、すべては神様の思し召し。百歳以上元気でいるかもしれない。

十月

「歩き」には自信があった筈なのに、これが大失敗の元となってしまった。この頃は杖を持って歩く事もあるの

ると、「例え、自分の親が百五歳であっても手術します」と言われた。

　手術は一時間足らずで終わり、母も元気そうである。早速ケアマネージャーと会い、介護保険の申請をする。区役所は混んでいるうえに、私は印鑑を忘れて、再度出直し。

十月二日

　手術後の母を見舞う。腰が痛い、こんなに痛いのなら死んだほうがましと言う。熱、三八度三分、貧血、輸血。

に、杖を持っていたかどうかも定かではない。ロビーで転んでしまったのだ。「あっ!」と思ったら転んでいて、立ち上がれなかったらしい。フロントの若者が起こしてくれたのに立ち上がれず、そのまま救急車で新都市病院に入院となった。大腿骨骨折で、人工骨頭の手術を受け、今日で十日ぐらいか。今いる老人マンションは病院ではないので、すぐには帰れない。長女と良く話し合って、最高の道を選

十月三日

熱も下がり、痛みも薄らいだよう。

十月四日

母、部屋を移動。車椅子に座っている。ナースの許可を得て、院内廊下散歩。私は初めて車椅子を押す。リハビリ担当のAさんから今後のリハビリ計画の説明を受ける。区役所から介護認定に担当者が来てくれて、ベッドサイドで面接。

びたい。

人間というものは、「簡単」に死ぬことも出来ないらしい。

長女の書置き。

「中銀に帰って暮らせるよう準備しておきます。元気を出して、頑張りましょう」

介護保険の認定に役所の人が来る。少し、昨日より元気。トイレで出したい物が出ない。

四階の「包括支援センター」に移る。一人で車椅子で部屋を出る。迷子になる。

朝食を皆さんと頂く。会話

十月十六日

母、地域包括センターに移動。広い四人部屋である。母以外の三人は、特養、老健、老人病院への転院待ちとか。母の場合はどうしたものか。妹、弟と母の今後を話し合う。母と私の住まいは、棟は違うが廊下で繋がっていることでもあり、私が母の世話をし、妹、弟は時折、私のサポートに回るという事にする。

九月末に母が骨折して以来、毎日病院通いをしていたので、私は些か疲れた。

少し休んで、母の住まいを今後の暮らしに向けて片付けておくことにする。

を交わすわけではないが。その後、少しテレビを観て部屋に戻る。少しずつ、慣れていくしかない。

　リハビリも始まった。また、歩けるようになりますと言われて、頑張った。

十一月

十一月

　病室では、大好きなテレビも全く見ていないようだし、ぼんやりしている。これでは認知症になってしまうだろうと覚悟した。（もっとも、認知症の実態も知らず、具体性に欠ける覚悟ではあったが。）

　しかし、包括センターに移ってからは、車椅子にも手助けで乗れるようになり、トイレも何とか自力で済ませ、リハビリ担当スタッフからはもう一か月リハビリを続ければ、自力で生活出来るようになりますよと希望の持てるコメントが届く。

とうとう十一月になった。

「今日は最高の頑張りでした。足もよく動かせて素晴らしい」と褒められる。

今日は、一回りして、シュークリームを食べた。久しぶりでとても美味しかった。一人でトイレで用を足す。左の足がむくんでいる。

午後、皆さんと一緒に体操をやってみる。

歯の調子が悪い。歯医者との連絡をするように言われるが。そこまで、しなくてもと

母は歩行訓練に入った。何とか、杖で歩けるようになってくれたらと思う。

リハビリの効果と大切さは、体験的に認識しているので、母にも頑張らせたいと張り切って病院に行ったら、母はリハビリと入浴で疲れたとベッドで寝ていた。出鼻をくじかれたが、まもなく百歳なのだから無理もきくまい。

ナースから来月半ばに退院と告げられる。母が帰ってきたら、私はどの様に彼女をサポートするようになるのか、私にとっても新しい生活が始まるのだろう。

母の新しい生活のために、部屋の模様替え

思う。二階にリハビリに行き、歩行練習。疲れた。

今日は日曜日。なにも予定のない日。せっせと歩いたら疲れたが、今日も無事に過ごせた。明日から、新しい一週間だ。

すごく良い天気。歩く練習をして、トイレで用を足す。お産をしたくらい疲れた。お風呂は入る前は億劫なのだが、入れて頂くと気分も変わり、元気がでる。トイレはいつもをする。

介護用品専門の業者と打ち合わせ。

難産だ。

十二月

三日に本当の百歳になる。長女、次女、孫達も来てくれる。昨日、転んだ連絡があったとかで、皆心配してくれたが、大したことは無いのだ。右肩が少し痛い。朝、もう百になったのだから、急ぐ事もないとゆっくり寝ていた。

十二月

母、百歳の誕生日を病院で迎える。無事に帰って来て、穏やかな日々を過ごしてもらいたいと思う。介護保険の認定は「介護度四」。ソファを捨てて、リビングに介護用ベッドを置き、テレビは寝たままで見られるようにし、洗面所、トイレ、お風呂場まで自力で行けるように、突っ張り棒や手すりなどを取り付ける。

帰ってきて、どんな顔をするだろう。

ケアマネージャーのYさんが週二回のリハ

十二月十三日

退院。久しぶりに我が家に帰って来た。炬燵のあった広い部屋に「ベッド」があり、神棚も移動していた。これから最後の新生活のスタート。自分が動けないので、長女が実によく働いてくれた。

退院翌日。朝食は運んでもらっていただく。天気は良く、太陽は輝き、今日の良き日が始まっていた。朝食を終えて、部屋の外に出てみたが、ビリ、週二回の入浴サービスなど在宅介護のプランを立ててくれる。

病院での生活体験も我々にとって実りあるものであったと思いたい。

母は、二か月半ぶりに日の光、樹々を渡る風の音、草花の彩りを楽しめる自分の部屋に戻り、安らぎのある暮らしが出来るだろう。私も綺麗ごとばかりは言えないだろうが、母のこれからの日々をサポートしようと思う。

退院してきた日は母の部屋に泊まる。夜中に二人ともゴソゴソしてよく眠れない。次の日、母のトイレ見守り、食事を用意して、自室に引き上げる。朝食終わって、母の部屋に。これからのリハビリ計画について、担当のスとても歩けるものではなかった。しかし、「寝込んでいる百歳」にはなりたくない。という願いは、何とかクリアしているようだ。ギリギリやっとだけど。行動範囲は非常に狭くなっている。

　朝食後、トランプをしてみる。これはどうにか出来たかな。三時、ヘルパーさんが入浴介助。ごしごし洗ってくれて気持ちよかった。泊まってくれている長女が帰って行ったのを知らない位よく寝かせ

タッフ、チーフヘルパーの説明を受け、介護プログラムの確認などバタバタ忙しくして、夜九時にまた、母の部屋に行く。次の朝、パジャマが濡れている。着替えさせて洗濯。

　朝食準備、ベッドメイク、リハビリ歩行器散歩、自分達の食事、買い物、夜中の二回のトイレ付添い、次の日も同じ、何とかこなしているが、かなりハードな日々になる。

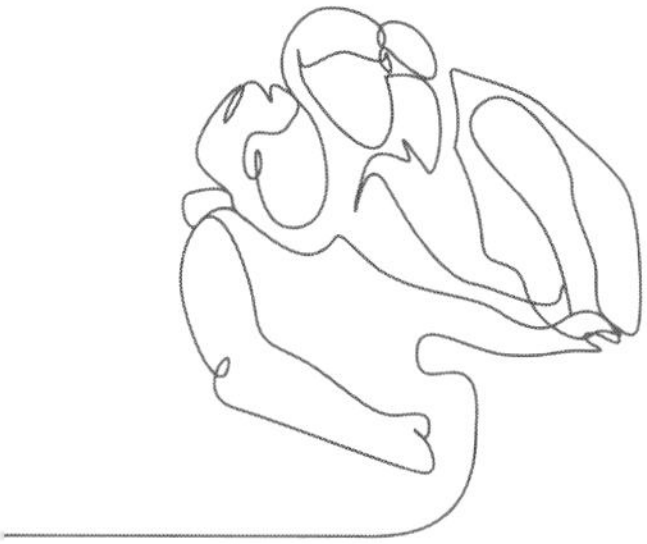

て頂いた。日野原先生の『人生百年、私の工夫』を読み始める。リハビリの看護師さんと廊下を歩く。帰って来たことを喜んで、食堂のお仲間が訪ねて下さる。

クリスマスソングを歌う会がホールであるので、少し、おしゃれをして長女と出かけた。ご挨拶すべき方々にはお目にかかり、もうこれで、お別れしていいと思う。

クリスマス用のポインセチアとお正月用のシクラメンを買ってきて、ベッドサイドのテーブルに飾る。カーテンを洗う。タオルケットも洗う。

「そんなに完璧にしてくれなくていいのよ。お正月も昨日の続きの明日なんだから」だと。

母らしいお言葉だ。

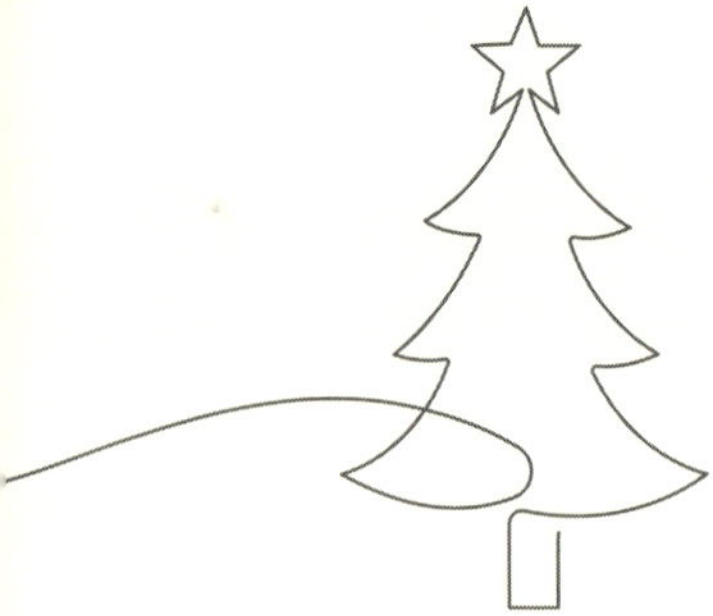

二〇一八年　母百歳　私七十八歳

一月

貴賓室で、家族が集まり私の「百歳誕生会」を開いてくれた。ご馳走を沢山いただき、プレゼントを貰う。部屋の外に一人で出るのは怖いので、部屋の中を歩き回ってみる。しっかり歩かないといけない。

今日は、七草がゆをいただ

昨年末もお正月も母の部屋に泊まる。三日には家族七人で、母の百歳のお祝いをする。母は、みんなで持ち寄ったご馳走を満遍なく食べ、ワインも少し飲んだ。皆で百歳の健啖振りに舌を巻く。

恒例の箱根駅伝、二日間、熱心にテレビ観戦し、青山学院の四連勝に、「他の大学にも優勝させたいわね」などと言っている。

夜、寝ていると、聴力が落ちているのにイヤホンを嫌い、大音響でテレビを見始める。夜中三度はトイレに起きる。私は寝不足で、イライラしてくる。いくらスープの冷めないく。良い天気。歩く事が上手になるようせっせと歩こう。次の日はふらついてしまった。

退院して一か月が経った。せっせと歩いているのだが、なかなか元に戻らない。

便通も、もともと便秘気味なのだが、更に、一苦労である。

今日は天気予報どおり雪になった。床の中で雪を見ながら、百歳、もう余り楽しい事もないので、そろそろかなとも思うが、寝込んでいるのも嫌だから……、夜は食堂へ「天

距離とはいえ、一日、八回母の部屋と自分の部屋を行き来し、歩行器散歩のリハビリに付き合い、これは何とかしないと自分が持たないぞと思い始める。

呆けられても困ると、新聞の日曜版のパズルや、数独などを一緒に始めてみる。母は、苦笑しながら「皆、娘は恐いと言うわね」などと言いながら、私の老化防止対策に付き合ってあげていますと言いたげである。

たまには、食堂のランチを二人で食べようかと、母の御常連席に座る。「久しぶり」と声をかけてくださった友達との会話も弾まず、白けた気持ちで帰ってくる。元々、一人でいるのが好きな方であったから、私のお節介

ぷら」を食べに行くのだ。

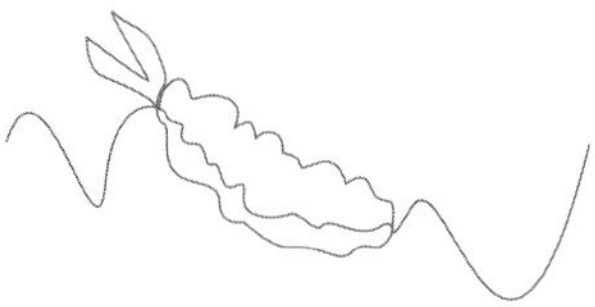

二月

日曜日なので、ヘルパーさんもリハビリ看護師さんも来ない。別府マラソンを見て楽しもう。別府で過ごした頃が

だったのかもしれない。「貴女、百歳まで生きる必要はないわよ」と何度も言う。

夜のトイレも一人で大丈夫と思っているようで、「貴女、もう来ないでいいわよ」というので、それはありがたい事と夜はお役目御免にして、以来、安眠を至福の楽しみにしている。

二月

だいぶ生活が安定してきて、私が外から帰ってくると、一人で杖をついて廊下を歩いている。ビックリ！　それではとデイサービスの見学に連れ出す。男性四重奏の演奏が懐かしい。これからの行く末の事など色々考える事はあるのだけれど。

　長女が新聞日曜版の脳トレを一緒にしようと持ってきた。クロスワードや、数独パズルをやらされるが……。新聞記事が久しぶりで、よかったかな。長女がどっさり本を持って来てくれた。本を読む楽しみが出来た事は有難い。

　二月も今日で終わり。思いがけなく、リハビリ看護師さん、長女と外歩きをする。久

あったり、ゲームがあったり、なかなか楽しい雰囲気であったが、母は「私は行かなくていいわ」と言う。案の定であった。

しぶりの外の道は歩くのがこわかった。

三月

今日から三月。春らしい恰好をして歩いてみたい。今は一人では、無理だけれど、今に一人で出られるようになったら素晴らしい。

いよいよ、私も始動しなくては。まず本の読破。これは大仕事。それから、「ちぎり絵」の開始。文化祭に一人で、「百

三月

もう、百歳まで生きる事はないとは言わなくなり、文化祭に向けて未完成のちぎり絵を完成させたいというので、作業用のテーブルをベッドサイドに移す。

いつだったか、トースターの中のパンが黒焦げになっていたので、トースターと電気釜、アイロンは片付けてしまい、電子レンジだけは置いてあったのだが、その中にハンバーグが飛び散っていた。私が持って行ったのを、

歳展」をやろうかしら。

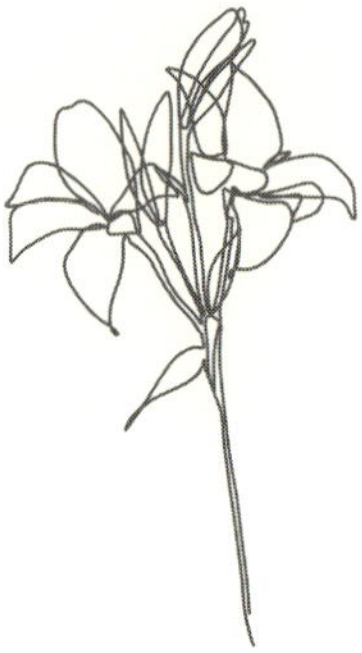

四月

温めようとして忘れてしまったのか、その内、電子レンジも使えなくなる日がくるのだと覚悟する。

花を買ったので、届けに部屋に行くと、部屋にいない。どこにいったかと、あちこちさがすと、なんと美容室にカットに出かけていた。びっくり。

どうも私は過保護の娘らしいと、少し肩の力を抜くことにする。昼食の用意はして、日中心置きなくでかけられるようになった。やれやれ、ありがたい事である。

四月

甲子園、高校野球観戦。

長女と公園の桜を、歩行器を押して観に行く。満開の桜、本当に久しぶりの気がする。帰って、美容室で髪カット。新しい気持ちで又出発しよう。長女の脳トレ、少々重荷。

私の最後をどうしたらよいかの話を長女とする。「そんなこと、自分で考えても仕方ない。聞いてはおくけど」と言う。それはそうだけど、すべては神様の思し召し。もうやめよう。

今年の夏も母と一緒に嬬恋の家で過ごそうと思うが、骨折後初めての夏はなにかと支度が必要だ。母のためのベッドを購入し、歩行器で家の中を歩けるように模様替えもしなければならない。ゴールデンウィークの小屋開きに、夫と二人でその準備をすることになった。デイサービスは気が進まないというから、あきらめたが、ショートステイにチャレンジしてもらうことにした。

初めてショートステイを申し込む。

持ち物に名前を書き、読む本を数冊、テレビの番組表などを用意し、お迎えを待つ。あまり気が進まぬようだが、「初めての事を体験するのも悪くないでしょう。先輩として、今日はうすら寒い。それにヘルパーさんも来ないフリーの日。ゆっくりしよう。

歩行器は使わずに、杖だけで廊下を歩いてみる。何とかなりそうだ。

初めてショートステイに行くので、持ち物に名前を書く。十日間。いい体験であった。

体験談を聞かせてよ」などと、少し後ろめたい気持ちで言い含める。(どうして私が後ろめたい気持ちにならなくてはいけないのだろうと思いつつ)

私にとっても初めての経験なので、ショートステイに行くその日は車に同乗させてもらい、ヴィラ都筑についていく。部屋は南側、見晴らしも良く、テレビもついている。これなら、読書とテレビで過ごせそう。ユニットのお仲間は五人ほどいたが、挨拶しても反応はなく、母も会話を楽しむ事はないだろう。次の日、施設に電話して母の様子を聞く。しっかりやってくれているようで安心する。

五月、六月

私は只々、一人で歩けるように努力するのみ。リハビリ担当の看護師さんと外歩きする。気持ちがよかった。少し自信もついてきて、一人で食堂に行ってみる。いつもと違う席だったが、お刺身に鹿児島のきびなごも出て懐かしかった。

長女が来て、朝食準備、ゴミ出し、洗濯をしてくれる。いつもの事。百歳とは、「オ

五月、六月

母、骨折後の検診も問題なく、食堂にも好きな時間に一人で行き、歩行器での早朝の中庭散歩も、私が少し遅れていくとさっさと歩いている。ではと外の公園の池のほとりまで連れ出すと、砂利道、坂道でだいぶ疲れたらしい。昔から、負けず嫌いの頑張り屋であるから、弱音は吐かないが、「御免。疲れた？」と聞くと、「貴女も百歳になったらわかるわよ」と言われる。そうだろう、母はかなり頑張っていると思う。数独やパズルも失礼だったかと、やめた。

メデタイ」もの。
入浴ヘルパーのSさんにお尻がきれいと褒められる。苦笑あるのみ。

次女が来てくれて、久しぶりの母娘三人で食事。外歩きも自信がついてきて、玄関から外に出た。長女の留守中は次女が泊まってくれる。安心。

七月、八月

早朝、長女夫婦と嬬恋へ。

八月

歩行器を持って、嬬恋の林の家で過ごすこ

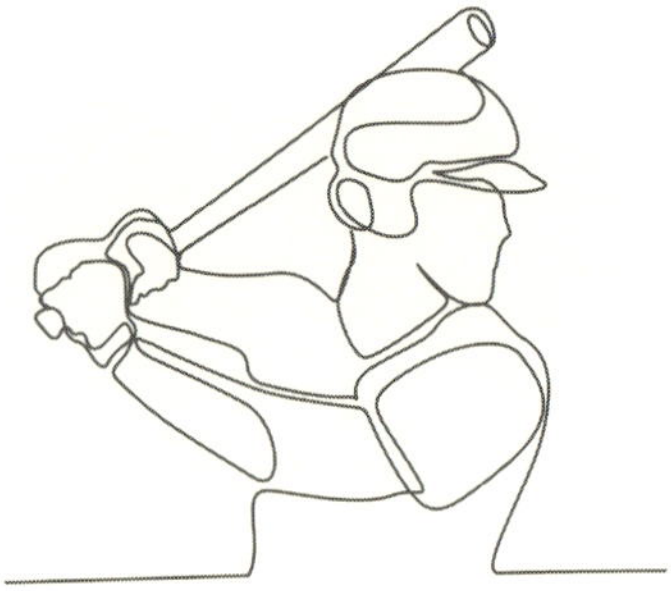

多分今回が最後かも。横川で朝食、つる屋で買い物。お昼前に着く。横浜から来ると、寒い。暖房を入れたいくらい。私の為にベッドを用意してくれてあった。長女の介助で入浴。ベランダで読書。

私も少しは気を使う。暑いけれど、横浜にいた方がよかったかな。次女が泊まりに来てくれるだろうしなど、色々考える。

朝食後、ベランダでトランプ占いをする。割と良い札がとにする。母は、読書と、高校野球観戦で過ごす。

野球は、故郷の鹿児島、大分の代償、そして今住んでいる神奈川代表を応援している。

九月

母が骨折してから、一年が過ぎた。随分長かった気がする。

母の支援のための日々のスケジュールが頭から離れず、正直、時には解放されたいと思う。隣人たちから、「何時までも親がいるなんて、貴女はお幸せね」と言われると、改めて「そうなのか」、「人はそう思うのか」、「そ出る。ベランダからすぐの桂の木、秋には黄色に色づくと言う。「金色のちひさき鳥の形して銀杏散るなり夕日の丘に」だったか、この林の落葉の頃を観てみたいとも思う。

横浜に帰り、毎日、蒸し暑い。冷房を入れて、扇風機を回す。ちょっと迷ったけれど、又、八月も嬬恋に連れてきてもらった。今度は三週間滞在するそうで、高校野球を見て過ごそう。今回は九州勢が沢山出場するので楽しみだ。

う思うべきなのか」、「いや、私もそうも思っているのだ」などと、落ち着かない気持ちで納得する。

母は穏やかな日々を取り戻した。一日おきの中庭散歩、朝食後のトランプ占い、読書、テレビで退屈する事もない。十一月のマンション内の文化祭にも、かつて染めて仕上げた着物を出品することにした。

父のお墓参りも我々家族と車で出かけ、「もう、お父さんは、あちらで、いいお相手が見つかったかもしれないわね。フフフ」などと楽しそうに笑い、帰りに我々皆と同じ量の鰻を平らげ、相変わらずの健啖振りを発揮する。とても百歳には見えない。

トイレの水を溢れさせてしまった。失敗失敗。

今日から、大学生の曾孫が来ると言う。楽しみだ。終戦記念日。感慨深い。

永井荷風の『つゆのあとさき』を読む。曾孫のYちゃんはいつも朝が遅いが今日はめずらしく、早起きだった。たった一人の男の子の孫なので、長女達にとって大事な存在だ。いい人生を送って欲しい。

Yちゃんが帰り、又三人の生活になる。少し朝寝したら

二人はもうベランダで本を読んでいた。野球も終わったし、そろそろ私もしっかり本をよまなくては……。でも、ここは涼しいからそう思えるので、横浜に帰ったら暑さに負けて何も出来ないだろう。

十一月

あと一か月したら、百一歳。是非元気でいたい。

だいぶ寒くなったが、朝の散歩は続けている。

十月

お昼に母の好物のそうめんを作って母を呼んだ。

エレベーターを使って、棟の違う我々の部屋まで一人で来られるようになった。

一泊位の旅行も母を置いて出かけられるようになった。

ドイツにいる孫からバースデイカードとプレゼントが届く。私も頑張って手紙を書こう。

二〇一九年　母百一歳　私七十九歳

一月、二月、三月

いつも、早く来て、朝食の用意をしてくれる長女が風邪で、熱があると言う。

大事にしてほしい。彼女のおかげで、ここで暮らせてい

一月

年頭に、私は「母の支援、感謝して気持ちよく務める事」と書いている。

しかし、日記にあまり母の事は書かれていない。日常は無事に回っている。

るのだ。感謝あるのみ。

私は一人で朝の太陽の遥拝は出来るようになった。雪や、雨の時は、ベランダに出て、朝の空気を吸う。


暖かかったので、長女と中庭散歩をする。

用意してもらった朝食を頂きながら、小学生の集団登校の姿を眺める。何を話しているのか聞こえないけれど、微笑ましく、元気をもらう。今日は見かけないと思うと、も

三月

いつもどおり、朝、母の所に行くと、珍しくベッドに横になっている。「百一歳、もう疲れちゃった」と言い、起きるのも億劫そうである。そうなんだろうなと、「ご苦労様ね」と言うと、さすがに笑っている。「お互いにね」なんて言っては身も蓋もないので言わなかったが、「目出度さも 中くらいなり おらが春」である。昼食も半分は残っていた。夕食もそのまま、アイスクリームを持っていき食べさせ、着替えを手伝う。「急に衰えて、もう終わりかと思ったわ」というので、このところ調子よかったのに、と少し動揺しながら、先

のたりないが、それは日曜日だからだ。

長女夫婦は日帰りで京都に出かけた。朝、昼、晩、食事は自室と食堂で。

一人でまた、行動できるようになった。

テレビで災害時の対処、日頃から備えておくもの、避難所の話など聞く。ここでは、そんな心配はいらないと思うが、百一歳、動きが取れない。

の日々を想像する。

しかし、次の日の美容室予約には、自分で春らしい洋服を選んで着て出かけている。桜のお花見に公園まで歩行器で出掛けた。来年の東京オリンピックも楽しめるかなと、ふと思う。

多分駄目だろう。ベランダの前の桜が沢山咲いた。良い天気。賑やかに小学生の一団が通る。もうすぐ、春休みだろう。

四月

新しい年度の始まり。新しい年号は、「令和」だそうだ。私は、大正、昭和、平成、令和と四つの年代を生きさせていただいているのだ。

昨日の晩、ベッドのボタンを押し間違えたか、ベッドの

四月、五月

母は安定した日々を過ごし、ヘルパーさん達との連絡ノートもお互い短いコメントのやりとりが続いている。

私も狂言のお稽古、友人との会食、日帰り旅行など楽しんでいるが……。いつまでこの調子でいけるだろうかと落ち着かない気分でもある。

六月

三十日には、百一歳六か月。また食堂前で転んだとのことで、健康管理室の看護師さん

高さが高すぎて、危ない位になる。長女が来て、調節してくれたが、寝不足だ。今日はフリーの日、ゆっくりしよう。

七月

嬬恋に行って、無事に古巣の横浜に帰れてよかった。有難い事だ。

古巣の横浜生活。良い古巣は安心だし、顔みしりも多いし。何よりも長女夫婦がいてくれる。少しずつ、呆けてき

が部屋に連れ帰ってくれる。幸い、大事には至らなかったが、もう食堂に行かせるのはやめて、三食私が用意する事にする。

七月

嬬恋の家に母と三人で行く。夕食に虹鱒、刺身、ワインなど機嫌よく食べていたら、突然身体が揺れだして、意識不明になっていく。横浜のかかりつけの先生に電話したり、嬬恋の友人に救急車の手配など聞いていたら、意識が戻ってきた。夜はとなりに寝て、なんとか横浜に連れて帰りたいと思いながら、いよいよの時が近づいているかと思う。濡れたパ

ていると実感する。

八月

昨日の事はすっかり忘れてしまう。次女が来てくれたらしい。

少し疲れた感じで、食欲がない。吐き気もある。朝食頂かなかったので、お十時にアイスクリームを頂く。だいぶ元気になった。

ジャマ、シーツなど洗いながら、はじめて清拭をする。そのうち、看護師さんかヘルパーさんに教えてもらわなくてはと思いつつ、シャワー浴もしてみる。「貴女は丁寧だわ」とのお言葉ありで、まずまず合格かと安心する。

横浜より涼しく過ごしやすいからと毎年、母を連れてきていたが、トイレに行くと貧血を起こすらしくフラフラしているので、嬬恋を引き上げる事にした。急に何かあっても近くに病院もなく、今回で最後にしようと夫と話す。こちらは神経を使って、緊張しながら車を運転しているのに、彼女は他人事のように、後部座席で浅間山の山容を褒めたりして

九月

　あまり食欲なく、マンゴープリンを食べてみたが、あまり美味しくなかった。
　久しぶりに美容室にいく。美容師さんが、いつもほめて

いる。無事横浜に帰り着き、我々はがっくり疲れた。

　翌日弟を呼んで、状況を説明したが、母は元気を取り戻し、ベランダから花火見物などしている。私は、すっかり翻弄されていると言うのに。

九月末

　母の支援を始めて二年が経過。母は意欲がなくなり、本も読まなくなる。耳がますます遠くなり、自分からのおしゃべりも少ない。「今日は何日?」的な質問は何度でもする。テレビを観ての感想はまったくまともである。

くれる。排便は相変わらず苦労する。長女に付き添ってもらっての外散歩は続けている。暑かった。

十一月

港北文化祭、最後と思って「ちぎり絵」を何とか出品し、長女が引き取りしてくれた。来年はもう出せないし、気がすんだ。

美容室に行くのは楽しい。髪を切ってもらい、きれいに

自力での食事、トイレ、バイタルチェックも異常なし、血圧など私よりも、正常値。訪問診療の先生は、私が衰えの状況など話すと、存在自体が奇跡なのだとのたまう。

十一月

母が急に「私、もうすぐ百二歳だから、記録作りのため、マンション内の港北祭にちぎり絵を出品するわ」と言い出す。慌てて、今まで作ってあった作品に手を加えて出品する。当日、車椅子を押して作品を見て回る。絵画、書、手芸、陶芸、盆栽などかなりレベルの高い作品が展示されている。「昔はもっと大作

セットしてもらう。

お世辞でも「まだ、若く、お綺麗」なんていってもらえるのも。

お天気が良い。今日は、だれも来ないフリーデイ。もっと元気だったら、勝手に外歩きできるのに……。

もう少し頑張っていたら、私は百二歳になる。このマンションの長寿記録を作ろうかしら。長女の助けを借りて。

中曽根元総理大臣が亡くなられた。大正七年生まれ、

が多かったのよ。私も染め物の着物と帯を出していたし、素敵な作品を出していたＭＡさんも、ＭＯさんもＹさんもいらっしゃらなくなったしねえ」と。去年は歩行器で歩いて会場を見て回ったのに、今年は車椅子でも疲れたと言って、帰ってすぐにベッドに横になってしまった。

和室の障子が破れている。小さな破れは、母が花、山、木などを切り絵ふうに貼って、結構風情のある障子になってはいたのだが、今回は修復不可能で、張り替えを頼まなくてはならない。障子の破れは情けないと思っているようなので、お正月前に張り替えを頼む。

マンションのメンバーの皆さんから、「お

百一歳との事。

十二月

百二歳を元気に迎えさせていただいた。長女夫婦にお寿司でお祝いしてもらう。

ベランダの前の並木がすっかり紅葉した。暖かい日差し

母さんはあなたがいるからお幸せね」とよく言われる。私も謙遜もせず「そうですよね。私は有難い娘です」と返事して笑う。

Sヘルパーさんが、「赤とんぼ」、「月の砂漠」、「宵待草」など次から次に歌っていたと教えてくれる。私は聞いたことがない。

十二月

三日に百二歳になる。セーター、ポインセチア、クッキー、アイスクリームなどプレゼントを用意して、お祝いする。

寝具の取り換え、正月飾り、部屋の掃除、冷蔵庫に食料沢山詰めて、新年を迎える準備

だけれど、いよいよ冬到来か。ベランダに溜まった落ち葉を長女が掃き出してくれた。

朝寝をしていたら、集団登校の子供達はもう行ってしまっていた。元気な声を今日は聞けなかった。

長女夫婦が大掃除をしてくれた。ガラス戸も綺麗に磨いてくれて、新年を迎える準備が出来た。ヘルパーのSさんが丁寧に入浴介助してくれて、気持ち良く新年が迎えられる。一年の無事を感謝する。

が出来た。

廊下でヘルパーさんに会ったら、「今日は私のTシャツを見て、『あなた、何にヴィクトリーしたの？』と言われて、びっくりしました」と言われた。

冗談もまだ健在のようだ。

二〇二〇年　母百二歳　私八十歳

一月

お雑煮、大学駅伝、孫たちとお正月、三が日が過ぎる。これから、常の生活を元気に過ごさせてもらおう。

二月、三月

足の脹れが少し、黒ずんでいる。もう百二歳だから仕方ないのかもしれない。しかし、

一月、二月

母のサポートは去年より比重が重くなっている。しかし、食事を自分で食べ、トイレも自分で行くだけでも、たいしたことだと、ヘルパーさんは口をそろえて言う。「はい。有難い事です」

ある日、母の食事の準備に行くのが、少し遅くなった。慌てていくと、バナナ、アップルパイ、ジュースを出して食事している。三十分位遅れただけなのにと「ごめんなさい」という代わりに「よく食べるわね」と言って

歩かせていただけるのだから
ありがたい事だ。
　足はさらに痛い気分がしている。病院に行けとはいわれていないが。
　長女が立派なお寿司の折詰を持ってきてくれた。
　桜が咲き始めた。雪が降り始めた。もうすぐ四月なのに。

しまうと、「整理しているのよ」と返ってくる。思わず、かっとする。

　毎日、三食、好きなメニュー、栄養バランスを考えて、作り置き、買い置きして気を配っている私に、何という言い方かと情けなくなる。

　昔から、人に対する気遣いはあまりしない人であったな。子供の頃、神社のお祭りに、妹、弟を連れて行き、夜店巡りが楽しくて、帰りが遅くなったら、締めだされていて、お隣のお婆さんがとりなしてくれて、家に入れてもらったことなど脈絡なく思い出す。

　母の右足の甲の水膨れが大きくなる。車椅子をおして皮膚科に行く。アスペルギルスと

四月

今日から四月。元気出して新しい年度を過ごさせて頂こう。

ヘルパーさんがお風呂に入れてくれる日。今日は、もう休みたいなあと思ったが、入れて頂くと、気持ちよかった。

この頃、食堂にも行かなくなって、長女が夕食も作って

いうカビの一種ではないかという事で、暫く皮膚科通いをする。

四月

新型コロナウイルスの感染が広がり、緊急事態宣言の発令。医療危機、経済危機、社会的諸問題の危機。自粛生活を体験する。

母の生活はほとんど変わりがない。「大変な世の中になったわね」とテレビを見ながら他人事のように言う。

くれるようになった。有難し。

五月

朝の大仕事、便の排出成功。長女夫婦がいない間、ショートステイに出る。

帰って、緑あふれる我が部屋。朝、昼、夜、長女の世話になる生活に戻る。

五月

五月中旬、母はショートステイへ、我々は孀恋の小屋開きに行き、お互いに少しリフレッシュする。

母は少し若返って帰って来た。

五月末で緊急事態は解除になったが、生活はあまり変わらず、外出自粛、マスクも着用している。

八月

もう日記に書く事が無い。百二歳の六月も七月も無事。でもすっかり怠けてしまった。今日からしっかり書こう。子供さん達、学校が始まる。

七月

七月に三日ほどショートステイに預ける。短期間なのに背筋が伸びてシャキッとした印象を受ける。集団生活に意識的に対応して活性化するのかと、考えさせられる。

母と美容室に行く。二か月に一度くらいの割合で髪を切ってもらうのだが、通りがかりの知り合いの方々から、「ご立派ねえ」と声をかけられた。母は耳が遠いので、笑顔と手を合わせる事でコミュニケーションを取っている。長寿を生きる意味をあれこれ考える私。母は、自分の存在を否定も肯定もせず。今ある今日を生きているのだろう。

朝の洗濯物増える。日記は、もう書かなくなった。テレビ番組チェックもしなくなる。

十一月、十二月

紅葉の季節になって、母を車椅子に座らせて散歩する。老老介護と言うけれど、ウインドウに映る我々。白髪の婆さんが同じくらいの白髪の婆さんの車椅子を押している。立派な老老介護図である。坂道でよろけたりしたら、共倒れだと、足を踏みしめる。

十二月三日に百三歳の誕生日をむかえる。ケーキにお寿司、日本酒でお祝いする。美味しそうに、日本酒をなめている。私の長寿支

援暮らしも三年を過ぎた。「長寿の記録を作るわ」と言っている母。この分では百五歳は行きそうだと密かに思う。

第四章　私の日記から

高橋美紀子

■二〇二一年■　　　　母 百三歳　私 八十一歳

一月、二月

お正月、母を我々の部屋に連れてきて新年を祝い、子供達とはＬＩＮＥで新年会をする。子供達、孫、家族が健康でいられて有難い。

コロナ感染は拡がる一方。医療現場も疲弊している。高齢者を助けるか、働き盛りを優先させるか、苦しい選択をせまられているようだ。我々は当面、感染予防に努める事。

二月十三日、夜十一時過ぎ、地震があった。心配して駆けつけたら、ベッドから落ちそうになって寝ていた。危なかった。

冬の日差しが暖かかったので、母と歩行器散歩。あまり喜んでもいなかったが、昼食のちらし寿司は完食。相変わらず食欲は衰えない。

四月

昨夜はパジャマに着替えず寝てしまったらしい。シーツ、タオルケット、下着、大洗濯。夜の寝支度も私の仕事になる。訪問診療のY先生にコロナワクチンを打っていただく。連休一週間は、母をショートステイに預ける。「お久しぶり」とスタッフが温かく迎えてくれる。母はご立派で、ショートステイの鏡だと褒められる。私も安心して嬬恋村の小屋開きに出かける。

六月　七月

珍しく、朝、頭痛。首の裏、目の奥が痛い。

（お母さん、私も不死身ではないのよ）

ヘルパーさんや看護師さんにとても助けられているとはいえ、一日、六回、母のサポート、夜九時過ぎの寝支度、百三歳を生きる母への尊敬の念を持つ余裕が時折、途絶える。老いを生きる事は寂しいという実感は益々深くなっていくのだろう。

母、十日間のショートステイへ。私、リードから解き放たれたワンコの心境？（お母さん、御免）マンションの友人達から労をねぎらわれる。有難い。

母のお尻が赤くなっている。薬を塗る。日中の水分摂取量が半端でないので、リハビリパンツや、パットをかえてみたり、二枚重ねてみたりしているが、水分を減らすより、洗濯を選択している私。

オリンピックが始まり、母はテレビ観戦を楽しんでいる。応援にも声が出る。私もその母の態度を喜んでいる。

土用丑の日、母、一人前の鰻重、しっかり完食。私は、母の夜の準備がだいぶ上手くなる。母は文句も言わず、悪びれもせず、部屋の明かりを消して「おやすみなさい」というと、「あ　り　が　と　う　また明日」と返事。卑屈にならないのは私にとって救いかもしれない。

ショートステイに送り出し、母の無人の部屋で洗濯機を回す。本当に母を失った時の喪失感が想像できる。「親がいる貴女は幸せよ」と先輩諸氏に言われているが……。母の着なくなった服を、少し整理する。

九月

母のサポート丸四年。トイレの感覚も鈍くなり、洗濯ものが毎日どっさり出る。夫が「水難、ですな」と言い、私も「来年は、もっと増えますよ」と受けて、二人で笑い合う。

十二月が来ると、母は百四歳。母が少しずつ、衰えていくのに比例して、私の負担は増え、私の精気が吸い取られていく気がする。

ヘルパーさん達に愚痴を言うと、彼女たちは口をそろえて、自分で食べて、トイレに立ってくれて、感謝の気持ちをいつも伝えてくれ、笑顔を向けてくれる。こんな、立派な事はないと言ってくれる。

私は、母の老いしか知らないけれど、何人もの老人を看ているヘルパーさん達には教えられることが多い。しかし、長寿を生きる母の日々に付き添っている私の、老いへの受容力、介護力は育っていると、思いたい。

十月

「今度のショートステイは、十日間ね」というと、「十日間、長いのね」と不満顔。「でも私の休日よ。頑張って」と口に出さずに思う。少し後ろめたいというか、可愛そうかなと思う。そんな時にはなぜか、子供の頃、厳しくされた事を思い出す。「自分で転んだのだから、自分で起きなさい！」って言われたたっけ。

十一月、十二月

ケアマネージャーのYさんがヘルパーさんの協力体制を強化してくれる。これから、週一日、夕食と夜の着替えを受け持ってくれる事になった。週一回はゆっくり、晩酌も出来るし、夜出かける事も出来ると、解放感に浸る。

十二月に入り、母は無事に百四歳となる。私のサポートも四年たった。珍しく、母から「昨日は有難う」と誕生日のお祝いのお礼を言われた。

二〇二二年　母 百四歳　私 八十二歳

一月

母、コロナに感染する。

お正月三が日、穏やかにすごしたが、孫（私の息子）が「おばあちゃん、ぼけちゃだめだよ」と言って、ひ孫の名前や歳をいわせたり、熱心に声を出させようとする。母は苦笑いで対応。

一月中旬、月一回、恒例となったショートステイへ。私は、ちょっと、ほっとして過ごす。ところが、帰ってくるはずの日、ショートステイ先でコロナ感染者が出たと言う事で、母は陰性ではあったが、濃厚接触者と言う事で、留め置かれることになる。そうか……。今回はショートステイに預けなくても済んだのに、ショートステイは私の為だけでなく、母の活性化にもなると、コロナのことを考えなかった私が軽率であったと反省する。

毎日、ショートステイ先のホームページをチェックして状況を見ていると、毎日感染者は増えていく。何とか陰性で帰ってきてほしいとハラハラしていたが、遂に、陽性反応が出たと知らせてくる。高熱ではないが、熱もあり、コロナ感染隔離ユニットに移しましたとの事。訪問診療医、保健所などに連絡。弟にも伝えておく。拙い事になったと思ったが、後悔先に立たずだ。

翌日、受け入れ病院が決まり、搬送された。ほっとしていいのか、心配なのか落ち着かない気持ちで、受け入れ病院に駆けつける。母には会えなかったが、担当医から説明を受ける。コロナ感染による肺炎も起こしてはいない、四日後くらいには退院も可能でしょうとの事でほっとする。有難い。母の症状が軽い事にドクターも驚いたそうだが、高齢による急変も考え、暫く様子を見ようと言う事になる。「高齢まで生きる人は本質的に丈夫なんですよ」と聞かされる。

母は、病弱で、「三十まで生きればいい方なのよ」と子供の頃、しょっちゅう聞かされていた。私は、長女として、今でいうヤングケアラー的気分でビクビクしていたのは何だったのかと、私の人格形成に多大の影響を与えた母の心無い発言を思い出す。安心でがっくり疲れた。その翌日から、二時間近くかけて、母には会えないが、看護師さんに病院の入院患者受付で会い、テレビカードを渡して様子をきいてみたが、テレビは病棟のロビーで見ているし、元気によく歩いていますよと言う事で、母の強運を改めて知らされる。一週間後、退院となる。

迎えに行って、ロビーで待っていると、一か月振りに逢う母は、一人で歩行器を押してエレベーターから降りてきて、「久しぶりの下界だわ」とケロリとしている。よかった！

タクシーにも一人で乗り、マンションに帰る。診療医に連絡すると「不死鳥だね」と半分呆れられる。不死鳥の部屋に泊まる。すやすや寝ている。食事も順調、冬季オリンピックを楽しみ、テレビを熱心に見ている。カーリングを一緒に見る。「貴女、もう帰っていいわよ」と言うのは、もっと気ままにテレビを観たいという事

である。（あら、そう。私も自分の部屋で寝たいのよ）
ともかく、コロナから無事生還してよかった。

三月

私の誕生日に寿司屋に行き、母の好きなネタを数種類、お土産に握ってもらい喜ぶ顔を見たいと思ったが、嬉しそうにも見えず、手をつけなかった。あんなに好きだったのに?? ひと頃は、野菜を食べる事に異常なこだわりがあったのに、今、野菜はまったく箸をつけず、肉や魚にも全く箸をつけない。元々、食べる事にあまり執着しない人であった。毎食、何をたべさせようかと悩む私の身にもなってくれと言いたいが、ドクターは、もう気儘にさせてあげていいのでは、と栄養ドリンクを処方してくれた。

終末医療の訪問医が書いた小説を読む。母を在宅で最後まで看取ると言う事にはかなりの覚悟が必要だと改めて感じた。

四月

出かけた帰りに母の部屋に寄ってみると、ヘルパーさんの報告がある。昼過ぎ、ヘルパーさんが入室すると、母がベッド際の床に座り込んでいたので、驚いて、抱き起こしてくれたそうである。食卓テーブルの椅子から、ベッドへの移動が自力で出来なくなっているのだろうか。

ケアマネージャーさんが、トイレ介助は車椅子を使うのがよいなどアドバイスしてくれる。

毎朝の大洗濯は覚悟しているが、ある朝、パンツに排便もあり、これにはショックを受ける。食べる事、出すことは人間のみならず、生物が生きていく基本なのだと当たり前の事を再認識する。ヘルパーのSさんに愚痴ったら、「当たり前ですよ、出ないと大変ですから、汚れていたら、あら、今日は、運がついたわって、思えばいいんです」と軽く言われてしまう。

流石な受け止め方である。忘れられない、名言である。でも私は、大きいのに出会わないパンツ交換は、「今日は、ラッキー」と思ってしまう。
母がお世話になっている五人のヘルパーさんからは、教えられる事が多い。

五月

連休にはショートステイに行ってもらった。一週間して元気に帰ってくる。「いろいろお世話になって有難う。これからもよろしくね」とはっきりと言う。いつもと環境が変わるせいかショートステイから帰ると、必ず活性化されている。私は娘だから少し過保護なのかと、思ってみたり、母も遠慮がないので、くつろいで、出来る事も任せた方が楽だと怠けているのか？　その事を聞くと、「どこにいても、頑張るだけよ」という言葉が返ってきて、びっくりする。

そうは言っても、朝、昼、晩、パンツ交換時に、ヘルパーさんの言う「運がついた状態」には、憂鬱になる。私が悲鳴を上げてしまうと、「アラアラ」と言う。

詫びる事も卑屈になる事もない、泰然自若たる態度。「アラアラじゃないわよー」と情けなくなりながら、息子が幼児の頃、トイレを使い始めた頃、「ママー！　にょろにょろさんでたあ」と知らせてくると、とても幸せな気持ちで、「偉かったねえ」なんて言いながら、いそいそとお尻を拭いていた事など思い出す。

人間に限らず、食べる事と出す事は、生物生存の基本中の基本。入口と出口問題である。入口にも、食品選び、毎食の献立に苦労するのであるが、出口問題は気分的にも重くのしかかっている。

排便の始末、訪問看護師さんの対応を見学する。さすが、手際が良い。摘便もしてくれる。しかし、摘便は上手く出来そうにもない。「任せて下さい」と若い看護師さんが言ってくれる。頼もしい。

人生の最終章は少し哀しい。母はもう以前の母ならず、これは私の行く道でもあると思い、命の厳粛さを感じつつ、言葉にしがたい複雑な心境である。

七月、八月

もう慣れてしまったのか、母は、ショートステイ先の廊下を歩行器を使い、後ろで見送る私を振り返りもせず、すたすた歩いて行った。その後ろ姿に私は、今日から数日の解放感を味わう。帰って、母の部屋の整理、洗濯にとりかかる。母が書き溜めた、分厚い大学ノートを読む。母なる母が詰まっている。母の穏やかな日々をサポートし、その上で、私も充実した日々を送りたい。母の信仰する金光教の教えに、「我も助かり、人も助かり」という一文がある。そう、私も助からなくては……。

車椅子で美容室に髪を切りに行く。美容師さんから「美しいお母さま」と何度も言われ、耳元で告げると、「そうなの」とけろりとしている。たまにはと、そのまま我々の部屋に連れてきて好物のそうめんを出すと、そこそこ食べたが、別にうれしそうでもなかった。

九月

百歳代を生きる母のサポートを始めて五年、母の衰えは進んでいる。トイレも入浴も、本当は面倒臭そうだ。寝転んでいるのが一番楽らしい。訪問診療の先生に母の状態を話すと、「そうですよ。生きているのが奇跡なんだから」と言われる。それはそうなのだが、娘としては、やはり悲しいなぁ……。母の日々を看ながら、人が老いる事、老いを生きる事を学ばないと申し訳ないような気持ちにもなる。得難い状況なのだから。奇跡の人のそばにいると言う事は。

いつだったか、ベテランのヘルパーさんが、「皆、人の為になってるんだよ。私はそう思ってるんだ」と言ったことがある。彼女は仕事を通して学び、人間の有り様についても深く考えているのだろうな、と感じた。

十一月、十二月

私も下の世話には大分慣れてはきた。排便チェックが習慣となる。三日でないと、下剤数滴、たちまち軟便数回。排便計画は定着か？

母は百五歳の誕生日を迎えた。バースデイケーキとお寿司でささやかにお祝い。（お母さん、良くここまで来ましたね。私も良く持っているといっていいかな）

この所、ひと月に一度、ショートステイに預かってもらってきたが、十二月は施設にコロナクラスター発生でキャンセルになる。預ける前にわかって良かったと思っていたら、なんと、ワクチンを五回も受けている私が感染してしまった。

部屋から出られなくなり、母はケアマネージャーがヘルパーさん達を手配してくれて、何とか凌ぐ事が出来た。師走にもかかわらず、あちこち、「御心配、ご迷惑、おかけしました」。感謝。

今年、二〇二二年は、コロナに始まり、コロナに終わる年となった。

■二〇二三年■

母　百五歳　私　八十三歳

一月

今年も穏やかな晴天の新年である。朝、早速、大きいおしもの始末。お正月だからと少しお洒落な服に着替えさせる。そうは言っても、着脱に便利なものなので、それほど改まったものではない。お洒落着も、長寿には向かないものになってしまう。

新年のお祝い。欲しそうにしているので、好きなお神酒を二杯。急に、身体が傾き、嘔吐。新年早々、出口、入り口トラブル。今年は私の介護生活もいよいよ本格化する年になりそうである。

二日。昨日で懲りたので、今日からまた、朝食は、定番の野菜ジュース、バナナ、栄養ドリンク、紅茶になる。箱根駅伝は、まだ関心を示している。

私の方は、昨年末、コロナに感染してから、体調は今一つはっきりしない。在宅介護の限界かな、などと、気弱になる。母も朝、パジャマからの着替えを面倒がる。「ダメ、着替えなくちゃ」と鬼娘になってしまう。こちらも、もたもた、イライラしながらで、時間がかかる。そこへいくと、ヘルパーさん達は手際もいいし、優しく接する余裕もある。プロフェッショナルの鮮やか介護だ。

三月、四月

母はトイレまで歩行器では行けなくなる。車椅子を使う。そのうち、寝たきりにもなるだろう。私も八十三歳の誕生日を迎えた。当年（十年）とって七十歳くらいの気持ちで、前向きに明るくやっていかなくては……。

お花見の季節になった。せせらぎ公園の桜が見頃なので、車椅子で散歩に行きたいかと尋ねると、あっさり「いいわ」という。それでも公園は無理でも、マンションの中庭の桜の花吹雪でも見せようかと、車椅子を押して外に出ると、「きれいねー」と満足し、帰ってくると、「これ、貴女にあげるわ」と、お気に入りのオーストリッチの革の小ぶりのショルダーバッグをくれた。そんな気遣いする事もあるんだと、有難く頂戴する。

母の日記を読む。八十代、九十代、意欲的に生きている姿が浮き上がり、尊敬の念が湧く。私はというと、八十を超えてから、体力、気力、脳の働き低下を当然と、いささか生活がなげやりになっていると、反省させられた。

一日中、ベッドで過ごすようになると、背中や、腰などがかゆいらしい。ごしごし、辺りをかいてみるが、私のかきかたは乱暴らしく、「もういいわ」と言って自分でごそごそ掻いている。老人性掻痒症も痒い所に手が届かず、辛い事だろう。塗り薬を処方してもらうが、褥瘡に注意しなくてはならない。

ケアマネージャーがベッドのマットレスを変えてみたらと手配してくれる。圧力を分散するマットレスで、その後、見事に痒みが納まった。優れモノのマットレスだ。

介護用品の研究は進んでいると改めて思う。納品にきた業者の男性は「また何かありましたら、いつでも相談して下さい」と頼もしい。

朝、定番の朝食を用意して、洗濯機を回し戻ってみると、母の身体が傾いている。

びっくりして、慌ててベッドに寝かせて、先生に連絡。バイタルも正常で、一時的貧血と言う事か。「そろそろ、おむつを試してみたら」とケアマネージャーが言ってくれたが、それはまだ嫌がるだろうと思う。しかし、寝たきりになるのも時間の問題かもしれない。「絶対寝たきりにはさせないわ」と言ってくれたヘルパーさんの言葉を頼もしく聴くと同時にそれは私の仕事だと、肩の荷が重くなる。

夕食は、色々考えて、ちょっと気の利いたお弁当を作って届ける。最近口を利くのも面倒らしく、手でそこに置いて有難うというジェスチャー。「せっかく、時間かけて綺麗に作って来たのに、口もきかないなんて失礼じゃない！」と言ってしまったら、笑っている。その、皮肉な笑いにも腹が立つ……。今日は、私は疲れていた。疲れていると、介護にも響く。

五年前に母が大腿骨骨折で、二か月入院して、退院する時に、「めんどくさいから、このまま、どこかの施設に入るわ」と言ったのに、家に連れ帰ったのは、私だ。母がその事を覚えているはずはないが、母の言う事を聞いていたら、私は今頃、どんな心境だったろうという思いがよぎる。

七月

ケアマネージャーが担当者会議を開いてくれた。そこで、シャワー浴のシャワーチェアーの変更、立ち上がり用ポールをやめて、ベッドにバーをつけ、車椅子も機能の高いのに変更して、食事も通常の椅子に移るのではなく、車椅子の儘にする事にし、リハビリパンツも夜はオムツにする事に。

週二回の看護師さんに加えて、週十一回ヘルパーさんに入ってもらう事になる。

私も今迄は食事の用意をして、ベッドに移るのは母にまかせていたのだが、一人での移動がおぼつかなくなったので、食事が終わるまでは傍にいて、少し、食事の介助をし、暫く一緒にいてから母をベッドに移動させる事にした。その間、テレビを眺めて、画面に字幕があれば、それを指でたどりながら読んでいるので、説明を試みるが、思考が長くは続かない。

極端に声を出さなくなった。母音のア　イ　ウ　エ　オ　を言わせると、しっかり声がでるくせに。「お母さん、ちゃんと声出るじゃない。声を出さないと喉の筋肉も衰えて、誤飲して、肺炎になりやすいのよ」というと、「ああ、そう」と深く頷くけれど、しっかり受け止めているようではない。

（うるさいなあー娘は！）位の受け止めなのだろう。

私と同年の友人ですら、「娘は、うんざり。うるさいし、失礼だし。構わないでと言いたいけど、どのみち世話になるのだから、我慢しているのよ」と言っていた。（うるさくても、面倒見てくれる娘がいるからいいじゃないの、贅沢言わないでよ）と言いたいが、まあいいわ。

八月

ベッドでのおむつ交換が日常化してきたが、これが中々スムーズにはいかない。

ヘルパーさんの作業を見学したときは何とかなりそうだと見ていたのだが、適正な位置におむつを入れるのは一苦労である。母の身体を左右に転がして、手際よくおむつを当てなくてはならないのだが、無理に引っ張って、折角あてたおむつを破ってしまったり、位置がずれたり、結構悪戦苦闘している。あかちゃんと違って、身体が堅くなっているし、無理にひっぱったり、持ちあげようとすると、ぽっきり折れてしまいそうである。

「介護疲れの老女、母親を虐待、骨折させる」なんていう見出しがテレビの画面に映しだされる場面が目に浮かぶ。先生に話すと、「ホントに折れますよ。僕の患者さんで、着替えの時に腕がぽっきりとか、何人かありましたよ」という事であった。私は、時々、伸びなくなった母の膝を蒲団の上からトントン叩いたりしていたので、首が縮んだ。

母は恒例の月一回のショートステイ。私は異常な暑さの続く横浜から嬬恋へ。平均値でも気温は十度低い。キビタキが早速、ベランダ近くの夏椿の枝にやってきて、美しい姿と声で迎えてくれる。林の空気を吸い込むと、脳まで綺麗になっていく気がする。本も沢山持ってきたし、書棚の本も読みごたえのある本ばかりが並んでいる。林の季節の移り変わりを味わいながら、ここでゆっくり暮らしたい。同じ生物として、樹々と対話しながら……。いつかその日は来るだろうか。

三日目の朝、ケアマネージャーとショートステイ先、両方から電話が来る。母が朝食後、吐いたので、高齢でもあり、帰っていただく事にするとの事であった。応急処置はケアマネージャーが考えてくれるとの事で、家政婦サービスを頼んでおこうかと言ってくれたが、弟に母の所に来てもらっておいて、取るものもとりあえず帰って来た。訪問診療の先生も診てくれて、その後落ち着いているので、一安心であったが、逆流性胃腸炎ではという事であった。いつもと違う朝食が美味しかったので、沢山食べてしまったせいかしらなどとほっとしながら考えた。

駆けつけていた弟が「じゃあ、俺は帰るからね」と言うと、「あら、貴方来てたの」と言われてがっかりしていた。こんな事なら、夫まで一緒に帰ってきてくれる事はなかったのに気の毒をした。

私は念の為、母の部屋に暫くとまる。ベッド上でのパンツ交換は相変わらず苦戦。「お互い疲れるわね」と私が自分の腰をたたきながら言うと笑っている。「ヘルパーさんがしてくれる方が楽？」と聞くと、すぐにうんと頷く。聞かずもがなの事を聞いてしまった。あほか！

下の義歯がぐらぐらしているので、訪問診療の歯科の先生に見て貰う。彼は、応急処置で持たせようと思ってくれていたようだが、この状態では支えている自分の歯も限界という事で、総入れ歯を作ってくれる事になった。しかし、年齢が年齢でもあり、納まりが悪く、すぐに外してしまう。

いわゆる柔らか食を準備してだすようにするが、食は進まず、おやつ用に置いてあるビスケットに手を伸ばす。ビスケット、パイ、焼き菓子は好きなのは知っているが、朝から人参、大根、芋類など煮ている私は、何なのでしょうか。「なんでも、好きなものを食べて貰って下さい」といわれていましたね。ハイハイそうでした。

日中はヘルパーさんに入ってもらう日が増え、連絡ノートのやりとりで私の自由時間が増えたが、食事時間には、用意した食事を母が食べるのを手助けしたり、見守ったり、耳が益々遠くなっているので、会話はなく、頃合いを見計らって、ベッドに移動させて自室に戻る。その間、本を読んだり、書き物をしたりしてしまう事があると、興味深げにのぞき見をする。私の存在に全く無関心なことが多いのに、どういう心境なのか、私が何を考えているかを知りたいのか。会話が深まらないのが寂しいことだ。

母がベッドで寝やすい態勢にしようと悪戦苦闘していたら、ベッドの枠に胸を強く打ち付けてしまった。肋骨にヒビが入ったのか咳をしても痛くなる。私の介護苦戦をおかしそうに笑っている母の心境は理解できないが、面白い人だ。

母の世話が長年になって私の酒量も血圧も上がったが、その制約の中で、自分が続けたいお稽古もしている。充実した暮らし方が出来ているのかもしれない。

私が狂言のお稽古に伺う先生のお宅の玄関に実に風格のある黒松の盆栽がおか

れている。盆栽の知識がないので樹齢はわからないが、樹様の美しさからして、何十年も丹精こめて作り上げられた姿なのだろうと、身の引き締まる思いで見ていた。ある時、枝の一部が茶色に色づいて、枯れ始めているように見えた。しかし、全体が形を崩すと言う事はなく、相変わらず引き締まった、無駄のない気品をたもったまま、見るたびに、茶色の枝は色濃くなっていく。
ある日、玄関から姿を消してしまった。「手入れが悪かったのか、枯らしてしまいました」と先生は言っておられたが、最後まで、毅然としていたその黒松の盆栽の姿が目に焼き付いている。

枯れていく樹木といえば、嬬恋の私の家の庭の松の大木である。ある年、台風の後に出かけて見たら、庭の中央に聳えていた松が根元から横倒しに倒れていた。浅間山麓の火山灰地で、樹々の根は浅く這うように横に伸びるので、折れたり、倒れたりしやすいのである。でも立派に高く伸びた松だったので、倒れてしまってがっかりした。しかし、倒れてはいても、どっしり、堂々と横たわっていて、存在感があった。その太い幹に腰かけて、ご苦労様、残念でしたね、でも私の見える所にいてくれてありがとうと心の中で感謝しながら、これからは、時々この松の幹に座って、樹々を渡る風を感じながら読書しようなどと思った。

朝早く、窓から眺めていたら、キツネが倒れた松の上で休んでいる。そっと窓を開けたら、素早く飛び降りて、隣の林に消えて行った。折角寛いでいたらしいのに、悪い事をした。

又ある朝には、メジロや、シジュウカラ、キビタキが、木肌の虫をつついていたり。樹々は倒れてはいても、自然の一員として、存在しているのだと、妙に感動したことがある。林に棲む動物達も人知れず、自分の死に場所で、土となり自然に帰ってゆくのだろう。それぞれのすがすがしい命の最後を羨ましいと思ったりしてしまう。

十二月、母は百六歳になった。

第四章　私の日記から

あとがき

母は百六歳と六か月を生きて、ろうそくの火が静かに燃え尽きるように亡くなった。

生かされて生きる、長寿を生きるとは、どういうことか。身をもって、私に示してくれたのだと思っている。

穏やかな遺影の前で、母と歩行器でマンションの中庭を散歩していた頃のある朝の会話を思い出す。

母「私はね、死んだら、宇宙の塵になって、宇宙の片隅に漂っているからね」
私「ああそうなの。それじゃあ、私もそのうち宇宙の塵になったら、宇宙のどこかでバッタリ会えるかもね」
母「そうねえ。そしたら、貴女、昔、私の娘だったんじゃないって、声かけるわね」

私「それはいいわねえ。私も、へえー貴女が私のお母さんだったんですかぁ。それじゃあ、しばらく一緒に漂いましょうかって誘うわね」

スマホの待ち受け画面を母の四十九日まで喪中モードにしてくださっていたHさんをはじめ、母の六年間の在宅の日々を支えてくださった中銀ライブリーケアのケアマネージャーやヘルパーの皆さん、ショートステイ・ヴィラ都筑のスタッフさん、楠大樹の看護師さん、訪問診療医のY先生。

本当にお世話になりました。

母も私も幸せでした。

二〇二四年九月吉日

高橋美紀子

著者紹介

帖佐道子（ちょうさ みちこ）

1917年福岡県北九州生まれ。
2024年6月、106歳で死去。

高橋美紀子（たかはし みきこ）

1940年鹿児島生まれ。横浜市在住。
元 NHK アナウンサー。67歳より大蔵流狂言の稽古をはじめ、
著書に『狂言十番　私のお稽古帖』（めでぃあ森）がある。

ある長寿《ちょうじゅ》の記《き》　母《はは》百六歳《ひゃくろくさい》　娘《むすめ》八十四歳《はちじゅうよんさい》

2024年12月3日　第1刷発行

著　者　　高橋美紀子
発行者　　森恵子
装　丁　　武藤友江
発行所　　株式会社めでぃあ森
（本　社）東京都千代田区九段南 1-5-6
（編集室）東京都東久留米市中央町 3-22-55
TEL.03-6869-3426　FAX.042-479-4975
印刷・製本　シナノ書籍印刷株式会社

ISBN978-4-910233-22-2　C0095